Dirk Gasser

Handbuch

für

Hobby-

Whiskybrenner

Disclaimer

Alle Angaben in diesem Buch sind mit großer Sorgfalt geprüft worden, dennoch können weder der Verlag noch der Autor eine Haftung für die Richtigkeit der Angaben und/oder für Sach-, Vermögens- und Personenschäden übernehmen, die im Zusammenhang mit der hier im Buch enthaltenen Information stehen.

Alle Fotos: Dirk Gasser

Impressum
Alle Rechte der Verbreitung, auch durch Film, Funk und Fernsehen, fotomechanische Wiedergabe, Tonträger jeder Art, auszugsweisen Nachdruck oder Einspeicherung und Rückgewinnung in Datenverarbeitungsanlagen aller Art, sind vorbehalten.
© Copyright 2012 Dirk Gasser
ISBN: 978-3-8482-0435-9
Herstellung und Verlag: Books on Demand GmbH, Norderstedt

Handbuch
für
Hobby-
Whiskybrenner

Vorwort

Mit dem Whisky-Virus habe ich mich schon vor Jahrzehnten bei einer Reise durch Schottland infiziert. Aber die Inkubationszeit betrug mehr als zehn Jahre, bevor ich mit der Verkostung von Whisky wirklich anfing. Schon lange davor hatte ich den Gedanken, Whisky selbst herzustellen.

Den Gedanken hatte ich aber schnell verworfen, dabei gab es zwei K.o.-Kriterien oder, wie man heute sagen würde, Showstopper. In Deutschland sind für den privaten Bereich lediglich Destillen bis 0,5 l Kesselvolumen zugelassen, und diese gab es damals nirgendwo zu kaufen. Außerdem gab es keine Holzfässer, die klein genug für die Mengen waren, die aus so einer Destille herauskommen konnten.
Da Online-Shops damals noch nicht verbreitet waren, stellte jede Materialbeschaffung, vom Malz bis zur Hefe, ein kleines Problem dar.
Jahre später kam ich dann zunächst beim gekauften Whisky auf den Geschmack. Angeblich erwischt es alle Weintrinker irgendwann. Wie beim Wein liegt der Reiz des Whiskys in der Aromenvielfalt.
Als ich mich Jahre später wieder mit meinem Traum befasste, hatte sich die Rechtslage zwar noch nicht geändert, aber die Online-Shops im Internet hatten allen Problemen der Materialbeschaffung ein Ende gesetzt. Es gab und gibt nun legale Mini-Destillen, kleine Fässer, Malze, Hefen, Eichechips, Refraktometer, einfach alles, was das Whisky-Herz begehrt.

Zugegeben, mit einer Mini-Destille Whisky zu brennen ist, als ob man einen Gartenteich mit einem Teelöffel ausheben müsste, weil Schaufel und Bagger verboten wären.
Der Aufwand ist extrem hoch, aber jeder andere Hobbyist, egal ob Modelleisenbahner, Modellflieger oder Briefmarkensammler,

4

wird über die Anzahl der Stunden nur schmunzeln, die man für die Herstellung von einem Liter Whisky benötigt. Es ist ein Hobby ohne Wirtschaftlichkeitsbetrachtung oder ROI (Return on Investment), genau genommen sogar ein recht einfach zu betreibendes Hobby, man braucht nur etwas Zeit und Geduld.

Inhaltsverzeichnis

Inhaltsverzeichnis

1. Einleitung

Whisky ist ein Getreidebrand, eine Art Bierbrand, wenn der fehlende Hopfen mal außer Acht gelassen wird.

Man muss also nur etwas Bier brauen, den Hopfen und das Kochen weglassen, das Ganze mit etwas Hefe zum Gären bringen, dann destillieren und anschließend in einem Holzfass lagern, fertig!

Zugegeben, meine ersten Versuche nach dieser Methode haben nicht wirklich nach Whisky geschmeckt, also sah ich mich gezwungen, doch etwas in die Feinheiten abzutauchen, die jeder einzelne Arbeitsschritt zu bieten hat.

Am Anfang steht die Auswahl des Rohstoffes, schon ein kleiner Blick auf die Etiketten im Whiskyregal offenbart eine gewisse Artenvielfalt, Single Malt, Bourbon, Rye Whisky ist dort zu lesen. Der Kenner weiß, dass dies ein Hinweis auf die verwendete Getreidesorte ist.

Die Zubereitung der Maische, also das Brauen, scheint niemandem eine große Bedeutung bei der Whiskyherstellung zuzugestehen, aber auch hier bestehen Variationsmöglichkeiten, und es gibt Fehlerquellen. Spätestens wenn man trotz 20 % Stammwürze bei 5 Vol.-% Alkohol endet, wird einem das klar.

Es folgt die Vergärung mit Hefe. Damals in Schottland habe ich mit eigenen Augen gesehen, wie Klumpen von Presshefe auf Bäckereiniveau in den Gärbottich geworfen wurden. Das geht natürlich heute auch noch.
Man kann auch Margarine anstatt Butter für die Weihnachtsplätzchen verwenden, das eignet sich aber nicht, um

die Gesamtqualität zu steigern. Auch die sparsamen Schotten kennen heute die Reinzuchthefen.

Nun kommt der Schritt, vor dem die meisten Menschen den größten Respekt haben, das Destillieren. Ich bin kein Chemiker, aber die Schotten, die vor Hunderten von Jahren mit dem Whisky angefangen haben, waren es genauso wenig, wie wohl die meisten der ca. 31.000 Abfindungsbrenner in Deutschland. Die Schotten konnten damals nicht einmal irgendwo nachlesen, was Acetaldehyd, Ethylacetat oder Aceton ist. Trotz der vielen chemischen Wörter ist das Destillieren kein Hexenwerk. Kuchenbacken ist komplizierter, und um es gleich vorwegzunehmen, blind werden kann man vom Whisky nicht.

Am Ende kommt die Lagerung. Bis zu diesem Schritt hat man schon eine Menge Arbeit investiert. Jeder Fehlversuch ist schmerzlich, vergleichbar mit einem fertigen Kuchen, der aus der Hand auf den Boden fällt, aber die Fehler, die ich gemacht habe, müssen sie ja nicht wiederholen.

Jeder einzelne dieser Schritte hat auch noch etwas Besonderes, wenn nur kleine Mengen verarbeitet werden. Vorkenntnisse im Bierbrauen oder Brennen von Obst sind natürlich von Vorteil, aber nicht zwingend erforderlich.

Viele Varianten, die der Herstellungsprozess bietet, habe ich selbst ausprobiert. Einige bringen signifikante Unterschiede, sodass ich an einigen Stellen auch zum eigenen Experimentieren anregen möchte.

2. Begriffserklärungen

Bevor wir mit der Herstellung beginnen, sollten wir erst mal klären, von welcher Art von Whisky wir reden.

Es gibt auch Flaschen im Discounter, auf denen „Whisky" zu lesen ist.
Dazu möchte ich nur Horst Lüning aus einem Youtube-Video zitieren, als er zwei solcher Whiskys verkostet hat:
>(beim Riechen) „… im Vergleich zu einem Single Malt sehr, sehr, sehr wenig …"
>(beim Verkosten) „Paahhh, mmhh, mmhh, mmhh, brennt auf der Zunge wie der Teufel …"
>„… dazu leichte Grain-Bitterkeit …", „… eine metallische Bitterkeit …", „… in Cola o. k., alles andere geht gar nicht …" (Zitate aus Youtube, Horst Lüning, „Whisky-Verkostung: Discount-Whiskys")

Dem habe ich nichts hinzuzufügen.

Wir wollen also hier nur von Whiskys reden, die die Bezeichnung verdient haben. Werfen wir mal ein paar Blicke auf die Etiketten dieser Whiskyflaschen.

Single Malt
So wird ein Whisky bezeichnet, der nur aus Gerstenmalz hergestellt wurde und aus einer einzigen Brennerei stammt. Dabei werden durchaus verschiedene Chargen und Fässer der Brennerei miteinander gemischt, damit der Whisky in jeder Flasche gleich schmeckt.

Vatted Malt / Pure Malt

Dieser Whisky ist ähnlich dem Single Malt, nur dass hier Fässer aus verschiedenen Destillerien gemischt wurden.

Grain Whisky

Dieser Whisky ist nicht aus Malz, sondern aus Korn gebrannt, wobei hier auch die Schotten Weizen oder Mais verwenden. Es ist also bis auf die Fasslagerung ein Kornbrand. Meistens wird auch ein anderes Destillationsverfahren, die sogenannte fortlaufende Destillation, verwendet. Diese ist kostengünstiger als die Verwendung normaler Brennblasen (Pot Still), aber das Destillat ist weniger aromatisch.

So kann Grain Whisky wesentlich günstiger hergestellt werden als Maltwhisky.

Reiner Grain Whisky wird nicht verkauft, er dient nur zum Verschneiden mit Maltwhisky.

Blended Whisky

In einer Flasche mit dieser Aufschrift befindet sich ein Gemisch aus Maltwhisky(s) und Grain Whisky(s).

Das Blenden vom Malt mit Grain Whiskys hat eigentlich nur den Sinn, den Preis zu senken.

Bei billigen Whiskys beträgt der Malt-Whisky-Anteil teilweise nur 10 %.

Single Cask

Im Gegensatz zum Single Malt wird hier der Inhalt eines einzigen Fasses in Flaschen gefüllt.

Cask Strength

Normalerweise wird Whisky auf Trinkstärke also 40 oder 43 Vol.-% verdünnt, bevor er vom Fass in die Flasche kommt.

Cask Strength heißt Fassstärke, d. h., der Whisky wird unverdünnt abgefüllt.

Straight Rye Whisky

Bei einem Rye (englisch für Roggen) Whisky wird bei der
Herstellung neben Gerstenmalz auch Roggen zu mindestens 51 %
verwendet.

Straight Bourbon Whisky

Bei diesem Whisky wurden mindestens 51 % Mais bei der
Herstellung verwendet. Bourbon ist aber nicht das englische Wort
für Mais, sondern die Bezeichnung der Gegend, in der früher
meistens Whisky mit Mais hergestellt wurde. Im Gegensatz zu
Cognac ist Bourbon aber keine geschützte Herkunftsbezeichnung.
Ein Bourbon kann überall auf der Welt produziert werden.
Bourbon muss im Gegensatz zu einem schottischen Whisky nur 2
Jahre in einem Fass gelegen haben, die Fässer müssen neu sein.

Peated

Peat ist englisch und heißt Torf. In Schottland wird in einigen
Brennereien das Malz über Torffeuer gedarrt, d. h. getrocknet.
Das Ergebnis ist ein unverkennbares Torfaroma im Whisky. Die
Stärke des Rauchs im Whisky wird in PPM (Parts per million)
gemessen und kann von 0 bis 120 variieren, wobei bereits 30–60
ppm als stark rauchig gelten.
Die bekanntesten torfigen Whiskys kommen von der schottischen
Insel Islay, z. B. Bowmore, Ardberg, Lagavulin, Laphroig etc.

Sherry Wood

Whisky wird in Schottland gerne in gebrauchten Fässern gelagert.
Typisch sind Fässer, die vorher für Sherry verwendet wurden.

Port Wood

Dieser Whisky stammt nicht aus dem Hafen, sondern lagerte in
einem alten Fass, in dem vorher Portwein war.

Non Chill Filtered

Um einem Brand von Estern, Proteinen und Fettsäuren zu befreien, kann man ihn im kalten (-4 °C) Zustand filtern. Das verhindert eine spätere Eintrübung.

Ein Non Chill Filtered Whisky hatte diese Maßnahme nicht nötig, es ist also gewissermaßen ein Zeichen von Qualität.

3. Der Rohstoff

Als Rohstoff für Whisky wird Malz verwendet. Malz ist Getreide, das mit Wasser zum Keimen gebracht und dann gedarrt, also getrocknet wurde. Der Zweck ist, dass durch das Keimen die Stärke zugänglich gemacht und bestimmte Enzyme gebildet werden:

Amylasen → Stärkeabbau
Proteasen → Eiweisabbau
β-Glucanasen → Zellwandabbau

Besonders wichtig sind die Amylasen, die beim Brauvorgang die im Getreide enthaltene Stärke in Zucker umwandeln. Das ist für die Gärung notwendig, denn nur Zucker wird durch Hefe bei der Gärung in Alkohol umwandelt.

Nicht gemälztes Getreide, also Korn, kommt in zwei Fällen zum Einsatz.
Roggen wird als Korn und nicht als Malz für Rye Whisky und Mais für Bourbon verwendet.
Jeder andere Einsatz von Korn hat beim Whisky nur den Sinn, den Preis zu senken. Rye Whisky und Bourbon werden auch traditionell in einer Brennblase und nicht mit einer fortlaufenden Destillation gebrannt.

3.1. Gerstenmalz

Gerstenmalz ist der am häufigsten verwendete Rohstoff und für uns auch leicht im Versandhandel zu bekommen. Es gibt Gerstenmalz in verschiedenen Varianten. Die meisten unterscheiden sich

Experiment:
Erstelle Maischen aus verschiedenen Varianten des Gerstenmalzes und vergleiche die Ergebnisse.

14

in dem Grad der Röstung, die bei 80 °C bis
200 °C erfolgen kann. Gemessen wird der
Unterschied in EBC, einer Einheit, die die
Farbwirkung auf das Bier angibt.
Es gibt:

- helles Gerstenmalz, z. B. Pilsner Malz mit EBC 2–3
- normales Gerstenmalz, z. B. Wiener Malz mit EBC 6–10
- dunkles Gerstenmalz, z. B. Münchener Malz mit EBC 10–20
- Farb- und Karamellmalz mit EBC 80–180

Als weitere Varianten werden auch Rauchmalz und Whiskymalz
angeboten.
Whiskymalz wurde über Torffeuer getrocknet, aber leider geben
die Händler nie an, wie viel PPM mit dem Malz erreicht wird, also
wie stark der Rauchgehalt des Malzes ist.
Ich hatte schon Whiskymalz, das aus der Talisker Brennerei zu
stammen schien, und welches, das so viel Rauch wie eine
Grillwurst in der Bratpfanne mitbekommen hatte.
Da der Torfgeschmack extrem dominant ist, kann man damit auch
kleine Fehler verdecken und, wenn man torfige Whiskys mag,
dementsprechend schnell zu guten Ergebnissen kommen.
Ich rate aber für die ersten Versuche vom Torf ab, damit man ein
besseres Gefühl für die Auswirkungen der verschiedenen
Einflussparameter bekommt.

3.2.   Roggen(malz)

Roggenmalz gibt es im Versandhandel. Professionelle
Brennereien verwenden für Rye Whisky aber nur Roggen und
mischen es mit Gerstenmalz.
Roggenmalz hat eine unangenehme Eigenschaft, die Maische wird
dickflüssig oder besser gesagt schleimig wie Metylan Spezial im
Ansatz 1:20 und lässt sich dann nicht mehr filtern.

Als Malz eignet sich Roggen also nur als Zugabe zum Gerstenmalz, am besten nicht mehr als 20 %.

3.3.   Mais

Mais wird immer als Korn, nicht als Malz verwendet. Beim Brauen reicht ein Malzanteil von 15 % aus, um die Stärke in der Maische in Zucker umzuwandeln. Mais kann also in einer Mischung mit Gerstenmalz als Basis für den Whisky verwendet werden. Vorher sollte man einen gekauften Bourbon probiert haben, da der Geschmack nicht jedem liegt. Die Beschaffung ist nicht einfach, es gibt ca. 5.000 Maisarten, die mehr oder weniger gut für Whisky geeignet sind, und im Versandhandel wird Mais fast ausschließlich als Popcorn-Mais ohne Angabe der Maissorte angeboten. Das Problem für den Hobbyisten ist aber nicht nur die Beschaffung, sondern auch das Schroten von Mais. Mit dem harten Mais kommt selbst eine elektrische Getreidemühle an ihre Grenzen.
Bei der Verwendung von Mais gibt es beim Einmaischen einige Unterschiede zum Gerstenmalz, die zu beachten sind.

Experiment: Kann man Popcorn oder Futtermais für Whisky verwenden?

3.4.   Weizenmalz

Auch Weizenmalz ist als helles oder dunkles Malz erhältlich. Traditionell kommt es beim Whisky eher selten zum Einsatz und dann auch nur gemischt mit Gerstenmalz.

Experiment: Stelle einen reinen Weizenwhisky her und vergleiche ihn mit einem Gerstenwhisky!

16

4. Rohstoffvorbereitung

Mälzen

Das Mälzen möchte ich an dieser Stelle nicht überspringen, auch wenn selbst in Schottland nur noch wenige Brennereien, wie z. B. Balvenie oder Highland Park, ihr Malz selbst herstellen.

Bild 1: Weizen am 3. Tag beim Mälzen

Im Hobbybereich ist die eigene Herstellung von Malz wenig sinnvoll, ausgenommen, man kommt durch Beziehungen kostenlos an das Korn oder möchte torfiges Malz haben.

Bild 2: Weizen nach 5 Tagen

17

Am besten eignet sich Korn aus dem Bioladen oder direkt vom Bauern. Korn aus dem Supermarkt ist oft UV-bestrahlt oder begast und somit kaum noch keimfähig. Wenn nur die Hälfte der Körner keimt, sieht das Malz auf den ersten Blick später noch gut aus, aber das Gesamtresultat liegt dann näher am Korn als am Malz, und das spätere Maischen führt zu schlechten Ergebnissen. Korn, das zum Mälzen verwendet wird, sollte eine Keimfähigkeit von mindestens 98 % haben.

Zum Mälzen wird das Korn zunächst in einem Gefäß ca. 24 Stunden vollständig mit Wasser bedeckt und so eingeweicht. Dann wird das Korn auf einem Backblech verteilt. Auf ein Backblech passen ca. 1,5 kg Korn. Es wird feucht gehalten und jeden Tag 1–2 Mal umgewälzt, damit es durch die Wurzel nicht zu einer festen Masse wird. Der Lagerraum sollte kühl sein, in kühlen Räumen hält sich die Feuchtigkeit besser.

Das Keimen kann je nach Bedingungen 5–7 Tage dauern. Wenn die Keime ca. 0,5 cm lang sind, kann das Malz getrocknet werden. Dazu wird das Backblech mit dem Malz bei ca. 50 °C für 2–3 Stunden in einem Backofen erhitzt. Zum Prüfen, ob es die richtige Konsistenz hat, wird ein Korn zwischen den Zähnen zerdrückt. Es muss wie ein trockener Keks zerbröseln.

Auch wenn das Malz nach dem Trocknen sofort weiterverwendet, also wieder mit Wasser vermischt wird, kann dieser Schritt nicht ausgelassen werden, da sich feuchtes Malz nicht schroten lässt. In gewerblichen Mälzereien wird das Malz noch von den Wurzeln befreit.

Bei der Wahl des Korns sollte Futtergerste nicht mit Braugerste verwechselt werden. Futtergerste hat einen höheren Eiweißgehalt, der sich negativ auf den Brauprozess auswirkt.

Torfrauch

Viele schottische Brennereien trocknen ihr Malz über Torffeuer und setzen es dem Rauch aus. Dies gibt dem Whisky eine sehr charakteristische Geschmacksnote.

Um selbst rauchiges Malz herzustellen, muss man zunächst selbst mälzen, denn das Malz nimmt die Raucharomen nur in der ersten Phase des Trocknungsprozesses auf. Es macht also wenig Sinn, gekauftes Malz Torfrauch auszusetzen.

Um aus dem eigenen Malz echtes Whiskymalz zu machen, werden etwas Torf aus dem Baumarkt, ein Kugelgrill und tolerante Nachbarn benötigt. Auf dem Grill wird eine kleine Menge Holzkohle angezündet. Wenn sie brennt, wird ca. ein Teller voll Torf über die Holzkohle geschüttet. Der Torf muss dazu trocken sein, d. h., er darf also nicht direkt aus der Verpackung kommen. Jetzt wird das Malz auf einem Blech auf den Grill gelegt und der Grill wird geschlossen. Der Torf brennt durch den Deckel nicht, sondern verglimmt mit viel Rauchentwicklung. Am besten ist ein Blech mit Löchern geeignet, damit der Rauch auch von unten an das Malz kommt.

Die Hitzeeinwirkung ist dabei unkontrolliert, sodass davon auszugehen ist, dass die Enzyme zerstört werden. Das getorfte Malz kann also nicht ausschließlich zum Brauen verwendet werden. Es muss normales Malz beigemischt werden.

Wenn der Torf ausgeglüht ist, wird das Malz im Backofen bei 50 °C zu Ende getrocknet.

Whiskykenner unterscheiden noch zwischen torfig und rauchig. Mit dieser Methode ist eine bewusste Beeinflussung nicht wirklich möglich, die Bezeichnung Torfrauch ist für das Ergebnis relativ treffend.

Schroten

Als Schroten wird das Zerkleinern des Malzes bezeichnet. Das ist aus zwei Gründen notwendig. Zum einen, um die Enzyme freizusetzen, und zum anderen, um den Enzymen den Zugang zur Stärke freizumachen.

Die einfachste Methode ist, das Malz geschrotet zu bestellen. Leider ist geschrotetes Malz nicht lange haltbar, d. h., es verliert sehr schnell an Qualität, was schlecht ist, da wir immer nur kleine Mengen verarbeiten können. Nicht geschrotetes Malz kann kühl und trocken bis zu einem halben Jahr aufbewahrt werden.

Die günstigsten Malzmühlen für den Hobbybereich sind handbetriebene Mühlen. Eine etwas teurere Alternative sind elektrische Getreidemühlen, die auf einer groben Stufe auch zum Schroten geeignet sind. Professionelle Schrotmühlen sind sehr teuer.

Wasser
Für optimale Ergebnisse, und da sind sich Whiskybrenner und Bierbrauer einig, wird weiches Wasser mit einer Härte zwischen 1 und 7 °dH benötigt. Schottische Brennereien verfügen oft über einen eigenen Brunnen oder eigenes Quellwasser mit der erforderlichen Qualität.

Die Härtebereiche werden wie folgt eingeteilt:

Härtebereich	Millimol Gesamthärte je Liter	°dH
1 (weich)	bis 1,3	bis 7,3
2 (mittel)	1,3 bis 2,5	7,3 bis 14
3 (hart)	2,5 bis 3,8	14 bis 21,3
4 (sehr hart)	über 3,8	über 21,3

Quelle: wikipedia.de

Außerdem sollte der Nitratgehalt nicht mehr als 20 mg/l betragen, im Trinkwasser sind bis zu 50 mg/l zulässig.

Die einfachste Methode, um zur optimalen Wasserqualität zu gelangen, ist die Verwendung eines Wasserfilters, wie sie für den Haushaltsbereich angeboten werden. In ihrem Inneren arbeitet ein kleiner Aktivkohlefilter, der Kalk, Nitrat, Chlor, Blei und andere schädliche Stoffe absorbiert. Bei einigen Filtern wird auch Silber eingesetzt, um die Verkeimung zu verhindern. Da wir aber das Bier nicht trinken, sondern brennen, sollte uns das Silber nicht stören.

Die Filterkartusche muss periodisch erneuert werden, da sich die Aktivkohle mit der Zeit aufsättigt und keine Stoffe mehr absorbiert.

Der Wasserfilter kann auch nur zur Verbesserung der Wasserqualität einsetzt werden, wenn das Leitungswasser bereits den gewünschten Härtegrad hat. Der Härtegrad, pH-Wert und Nitratgehalt sind auch entscheidende Werte beim Aquarium, und so sind Teststreifen zur Bestimmung dieser Werte in Geschäften für Tierbedarf erhältlich.

5. Maischen

Beim Maischen geht es darum, die im Malz enthaltene Stärke in Zucker umzuwandeln. Darum ist es wichtig, sich erst einmal Zucker und Stärke anzuschauen. Es gibt Monosaccharide (Einfachzucker), diese können sich zu Disacchariden (Zweifachzuckern), Oligosacchariden (Mehrfachzuckern) oder Polysacchariden (Vielfachzuckern) verbinden.

Der kleinste Baustein in dieser Reihe, der uns beschäftigt, ist die Glucose. Die Glucose ist ein Monosaccharid, also ein Einfachzucker mit der Summenformel $C_6H_{12}O_6$. Sie wird auch als Traubenzucker oder Dextrose bezeichnet.

Die Maltose, also der Malzzucker, ist ein Zweifachzucker, der aus zwei Molekülen Glucose besteht. Der gebräuchliche Haushaltszucker ist die Saccharose, ebenfalls ein Zweifachzucker, jedoch aus einem Molekül Glucose und einem Molekül Fructose, wobei die Fructose ebenfalls ein Einfachzucker ist.

Stärke sind Polysaccharide, die aus vielen Glucoseeinheiten bestehen, die miteinander verknüpft sind.

Dextrine sind Stärkeabbauprodukte, deren Molekülgröße zwischen der von Polysacchariden und Oligosacchariden liegt.

Stärke wird also durch Spaltung zu Zucker, hierzu sind Enzyme notwendig.

Kommen wir nun zum Maischen. Dazu müssen zuerst einige Begriffe geklärt werden:

Maische: Gemisch aus Malzschrot und Wasser
Läutern: Trennen der Maische in Treber und Würze
Treber: ausgelaugte Rückstände des Malzschrotes
Würze: flüssiger, vergärbarer Teil der Maische

Das geschrotete Malz muss mit Wasser vermischt und dann auf bestimmte Temperaturen erhitzt werden. Die durch das Mälzen entstandenen Enzyme, die Amylasen, können so die im Malz vorhandene Stärke in Zucker spalten. Das Verfahren entspricht dem Bierbrauen. Das Mischungsverhältnis von Malz zu Wasser beträgt von 1:3 bis 1:3,5 – also z. B. 4 kg Malz zu 12 Liter Wasser.

Das ist ein sehr kräftiges Verhältnis. (Zum Vergleich: Beim Bierbrauen ist für ein normales Bier das Verhältnis 1:6 üblich.) Diese dicke Konsistenz verhindert das beim Hobbybrauen übliche Aufteilen des Wassers in Vor- und Nachguss. Daher werden größere Töpfe als beim Bierbrauen benötigt.

Bei Kornmaischen oder selbst hergestelltem Malz sollte das Verhältnis mit 1:2,5 etwas stärker sein, da erfahrungsgemäß die Ausbeute, also die Stammwürze, etwas geringer ausfällt.

Einmaischen

Zum Einmaischen wird das Wasser auf 50 °C erhitzt und das Malzschrot langsam hineingerührt. Es wird so lange gerührt, bis keine Klumpen mehr vorhanden sind, was im Normalfall bei kleinen Mengen binnen einer Minute der Fall ist.

Eiweißrast

Die Zugabe von dem (kalten) Malz in das warme Wasser lässt die Temperatur wieder absinken.

Die Maische wird erneut auf 50 °C erhitzt und die Temperatur 30 Minuten gehalten.

Die Eiweißrast dient dem Abbau von Eiweiß und Zellulose, dies ist beim Bier für Schaumstabilität und Vollmundigkeit wichtig. Beim Whisky ist das nicht wichtig, darum ist beim Bier diese Rast auch deutlich länger.

Maltoserast

Die Maltoserast wird bei 62 °C für 60 Minuten durchgeführt. Bei dieser Temperatur wird die Stärke (Summenformel $[C_6H_{10}O_5]_n$) von dem Enzym >β-Amylase< in Malzzucker (Maltose / Summenformel $C_{12}H_{22}O_{11}$) gespalten.

Dieser Schritt ist besonders wichtig, da hier der vergärbare Zucker gebildet wird, aus dem später der Alkohol entsteht. Beim Bier ist diese Rast etwas kürzer, um noch Stärke für die Verzuckerungsrast übrig zu lassen.

Verzuckerungsrast

Bei der Verzuckerungsrast wird durch die α-Amylase die Malzstärke gespalten. Hier entstehen vermehrt Dextrine, die später von der Hefe nicht in Alkohol umgewandelt werden können.

Die Dextrine verhindern einen hohen Endvergärungsgrad, was für Bier teilweise gewollt ist, für Whisky aber nicht. Die Rast wird daher etwas kürzer als beim Bier bei 72 °C für 30 Minuten gemacht. Nach der Verzuckerungsrast wird die Maische noch kurz auf 78 °C erhitzt.

Zusammenfassung:

Einmaischen	50 °C	bis klumpenfrei
(wieder) Aufheizen		
Eiweißrast	50 °C	30 Minuten
Aufheizen		
Maltoserast	62 °C	60 Minuten
Aufheizen		
Verzuckerungsrast	72 °C	30 Minuten
Aufheizen	78 °C	1 Minute halten

Jetzt kann man wie beim Bier eine Jodprobe machen, indem man einen Teelöffel Maische auf einen weißen Unterteller zusammen mit 2 Tropfen Jod gibt.

Das Jod sollte sich braurot oder gelb verfärben. Verfärbt es sich schwarz, so ist noch Stärke in der Maische vorhanden.
Das kann mehrere Ursachen haben:
- Das Malz hatte keine gute Qualität.
- Das Malz war zu grob geschrotet.
- Die Maltoserast war zu kurz.
- Die Temperaturen wurden nicht eingehalten.

Die letzten drei Möglichkeiten eröffnen beim nächsten Mal also Verbesserungspotenzial, das genutzt werden sollte.

Bild 3: Erste Jodprobe vor der Maltoserast

Bild 4: Jobprobe nach der Verzuckerungsrast

Korn / Grain Whisky / Rye Whisky / Bourbon

Wer seinen Whisky aus Korn brennen möchte, muss etwas anders vorgehen. Da die Stärke im Korn für die Amylasen nicht so leicht zugänglich ist, muss die Kornmaische erst stark erhitzt werden. Die Amylasen sind im Korn nicht vorhanden, darum müssen entweder Enzympräparate oder Malz hinzugegeben werden. Die Zugabe kann aufgrund der hohen Temperaturen nicht zeitgleich mit dem Korn erfolgen. Es reichen 15 % Malz, um eine ausreichende Verzuckerung zu gewährleisten. 4 kg Schrot müssen sich also aus 3,4 kg Kornschrot und mindestens 600 g Malzschrot zusammensetzen.

Wasser erhitzen	80 °C	Ca. 70 % des gesamten Wassers
	80 °C	Geschrotetes Korn einrühren
Stärkeaufschluss	80 °C	30 Minuten
Abkühlen		Restliches Wasser (30 %) kalt zufügen
	62 °C	Malz einrühren
Maltoserast	62 °C	60 Minuten
Abkühlen		
Eiweißrast	50 °C	20 Minuten

Diese Methode wird auch bei Rye Whisky verwendet.
Die Aufteilung des Wassers dient dem schnelleren Aufheizen und der schnelleren Abkühlung.
Wenn bei der Qualität des Malzes eine Unsicherheit besteht, weil es z. B. selbst hergestellt wurde, sollte der Anteil erhöht werden, um eine ausreichende Verzuckerung sicherzustellen.
Für Bourbon, d. h. Mais, sind noch höhere Temperaturen notwendig.

Wasser erhitzen	100 °C	Ca. 70 % des gesamten Wassers
	100 °C	Geschroteter Mais einrühren
Stärkeaufschluss	100 °C	5 Minuten
Stärkeaufschluss	90 °C	30 Minuten
Abkühlen		Restliche 30 % des Wassers kalt zufügen
	62 °C	Malz einrühren
Maltoserast	62 °C	70 Minuten
Abkühlen		
Eiweißrast	50 °C	20 Minuten

Nach diesem Schema lässt sich auch Reisbrand herstellen. Professionelle Brenner benutzen noch spezielle Enzympräparate, um den Aufschluss der Stärke zu fördern.

Technischer Prozess
Damit wäre beschrieben, *was* gemacht werden muss, kommen wir jetzt zu dem *Wie*.

Ein Elektroherd regelt die Temperatur durch An- und Abschalten der Heizplatte. Dadurch wird entweder voll oder gar nicht geheizt. Das ist keine gute Voraussetzung, um eine Temperatur konstant einzuhalten. Daher ist ein Gasherd besser, wobei auch ein Campinggaskocher ausreicht. Die Kunst besteht nun darin, die Gasflamme so einzustellen, dass die Temperatur beim Rasten konstant bleibt. Dafür ist etwas Gefühl und Erfahrung notwendig, damit man nicht 2 Stunden mit dem Kochlöffel in der einen und dem Thermometer in der anderen Hand rührend vor dem Kochtopf steht und ständig die Gasflamme korrigiert.

Einfacher ist es, das Problem der konstanten Temperatur über die angesetzte Masse zu regeln. Größere Massen kühlen nicht so schnell aus und erfordern kein ständiges Heizen und Kontrollieren.

Dazu ist ein 20-Liter-Topf notwendig, zur Not geht auch ein 10-Liter-Topf. In einen 20-Liter-Topf passen gut 12 l Wasser und 4 kg Malzschrot, dann bleibt noch genug Freiraum zum Umrühren. Diese 16-Kilo-Masse kann die Temperatur auch allein halten. Hier ist der Elektroherd die bessere Wahl, da die Herdplatte etwas nachheizt.

Der Herd wird zum Aufheizen auf volle Leistung gestellt. Die Maische wird dabei ständig gerührt und die Temperatur kontrolliert. Je nach Herd wird 1 bis 2 °C vor dem Erreichen der gewünschten Temperatur die Heizplatte abgeschaltet und noch 2 Minuten weitergerührt. Jetzt sollte die korrekte Temperatur erreicht sein. Der Topf bleibt auf der Herdplatte und wird mit einem Deckel verschlossen. Alle 5 bis 10 Minuten wird umgerührt und die Temperatur kontrolliert.

Im Normalfall ist nur ein einmaliges Nachheizen bei der Maltoserast erforderlich, das wieder nach dem vorgenannten Schema gemacht wird.

Wer es noch einfacher habe möchte, kann einen Einkocher mit Zeit- und Temperaturwahl benutzen. Dann entfällt das Halten und Ablesen des Thermometers und man muss die Uhr nicht im Blick haben.

Einkocher haben normalerweise ein Volumen von 29 Litern, was für unsere Zwecke ideal ist.

Wenn der Einkocher heizt, muss die Maische umgerührt werden, sonst brennt sie an. Während der Maltoserast muss auf den Einkocher geachtet werden, damit er nicht unbemerkt nachheizt und die Maische anbrennt.

Abläutern

Zum Trennen der
Würze und des
Trebers ist ein
Nudelsieb ideal.
Außerdem wird ein
zweiter großer Topf
benötigt. Die
Maische kann mit
einem 1-Liter-
Messbecher in das
Nudelsieb gegossen
werden.

Bild 5: Abläutern mit Nudelsieb

Wenn das Sieb halb
voll ist, wird von
oben mit einem Topf
nachgedrückt, um
den Treber
auszupressen.

Bild 6: Nachdrücken mit Topf

Sollte die Würze später beim Destillieren anbrennen, war das Läutern allein nicht ausreichend. Beim nächsten Mal sollte die Maische dann zusätzlich gefiltert werden. Dazu wird ein Geschirrtuch oder eine Stoffwindel über einen Topf gespannt und mit Wäscheklammern am Topfrand befestigt.
Das Filtern ist ein langsamer Prozess. Zum Beschleunigen sollte mit einem Löffel alle paar Minuten über das Tuch gestrichen und so die im Tuch abgesetzten Reste entfernt werden.

Bei einer Maische von 12 Liter Wasser und 4 kg Malzschrot kommen ca. 8–9 Liter Würze heraus.

Nach dem Läutern wird Bier noch gekocht, das dient:
- dem Eindampfen von Wasser
- dem Fixieren der Würzezusammensetzung
- dem Sterilisieren der Würze
- der Koagulation, also dem Zusammenballen von Eiweiß, damit es ausgefiltert werden kann
- dem Isomerisieren der Hopfenbitterstoffe

Dies sind alles Dinge, die für Whisky nicht von Bedeutung sind, daher entfällt das Kochen.

Jetzt muss die Maische auf mindestens 25 °C abgekühlt werden. Ohne aktive Kühlung kann dies, abhängig von der Masse, schon mal 8 Stunden oder mehr dauern. Manchmal ist es nicht ausreichend, die Würze über Nacht stehen zu lassen.

Die beste Methode zum Abkühlen ist ein Würzekühler. Das ist eine Spirale aus Kupfer- oder Edelstahlrohr, durch die kaltes Wasser fließt. Abgesehen vom Wasserverbrauch ist ein Würzekühler die teuerste Methode, um ein Stück Kupferrohr zu erwerben.

Alternativ kann der Topf mit der Würze in kaltes Wasser gestellt und ein paar Kühlakkus in die Würze gelegt werden. Eine weitere Möglichkeit ist, in einen oder mehreren Gefrierbeuteln ca. 1 Liter Wasser zu füllen und einen Tag vorher in den Gefrierschrank zu legen. Diese Eisbomben werden dann in die Würze gelegt. Aber Achtung, das Eis wird beim Schmelzen scharfkantig und kann Löcher in den Gefrierbeutel stechen.
Dadurch kann die Würze ungewollt mit Wasser verdünnt werden.

Nun wird noch mit einer Bierspindel die Stammwürze bestimmt. Mit einer Spindel wird die Dichte einer Flüssigkeit ermittelt. Eine Bierspindel ist auf eine Dichte größer als Wasser ausgelegt, wohingegen eine Alkoholspindel eine Dichte kleiner als Wasser messen kann.
Bierspindeln gibt es in verschiedenen Varianten, für unseren Bedarf reicht eine Hobby-Bierspindel ohne Thermometer.

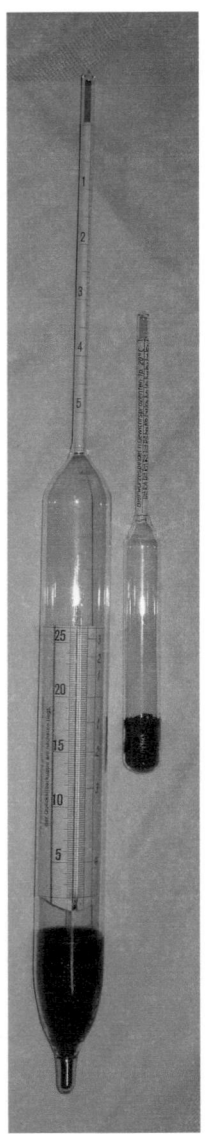

Bild 7: Professionelle und Hobby-Bierspindel

Mit der Bierspindel wird die Stammwürze bestimmt. Die Stammwürze gibt die Gewichtsprozente der gelösten Stoffe in der Würze an. Sie wird bei über 20 % liegen und somit außerhalb der Skala mancher Bierspindel.
In diesem Fall wird die Würze 1:1 mit Wasser gemischt und der von der Spindel angezeigte Wert verdoppelt.

Bild 8: Stammwürze vor der Gärung

Nach der Gärung wird die Stammwürze noch mal bestimmt, um aus der Differenz der beiden Werte den erreichten Alkoholgehalt zu schätzen.

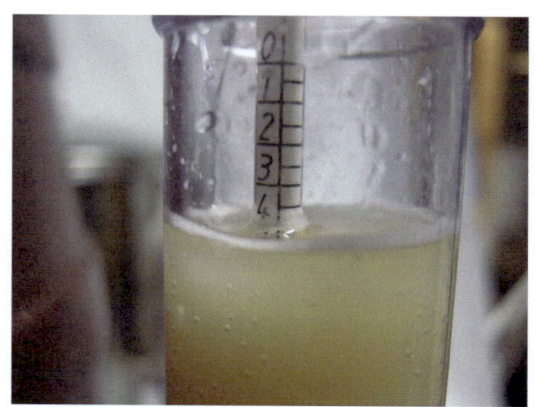

Bild 9: Stammwürze nach der Gärung

In diesem Beispiel beträgt die Differenz der Stammwürze vor und nach der Gärung ca. 17 %. Um daraus den Alkoholgehalt zu schätzen, befassen wir uns gleich mit der Gärung genauer.

Probleme

Wenn die Stammwürze nach dem Maischen nicht den Erwartungen entspricht, also nur 12 bis 15 % beträgt, kann das mehrere Ursachen haben.

- Das Malz hatte eine schlechte Qualität.
- Der Stärkeaufschluss bei einer Kornmaische hat nicht gut funktioniert.
- Das Malz war zu grob geschrotet.
- Die Temperaturen oder Rastzeiten wurden nicht richtig eingehalten.
- Es wurde zu wenig umgerührt.

Nun gibt es drei Möglichkeiten weiterzumachen.

1. Mit der Würze weiterarbeiten, das wird aber sehr mühsam, da der spätere Alkoholgehalt weniger als 6 Vol.-% betragen wird. Die Destillation wird eine sehr geringe Ausbeute hervorbringen, d. h., man hat viel Aufwand für wenig Ertrag.

2. Die Maische wird entsorgt. Daraus noch Bier herzustellen würde zu keinen trinkbaren Ergebnissen führen. Für die Bierherstellung hätten die Zeiten der einzelnen Rasten völlig anders aussehen müssen.

3. Die Maische wird auf eine Stammwürze von 20 % aufgezuckert. Dabei wird für 1 % Stammwürze 10 g Zucker auf einen Liter Maische benötigt.
Für 8 Liter Maische mit einer Stammwürze von 12 % werden also 640 g zusätzlicher Zucker benötigt.

Die Entscheidung muss jeder selbst treffen. Eine Maische aus einfachem gekauftem Gerstenmalz wird eher entsorgt als eine aus selbst hergestelltem, torfigem Malz.

6. Gärung

6.1.   Allgemeines

Bei der alkoholischen Gärung denkt so mancher an „die Feuerzangenbowle" mit Heinz Rühmann, auch wenn der Prozess dort gar nicht erläutert wird.

Bei der alkoholischen Gärung wird der Zucker in der Würze durch Hefe in Alkohol und CO_2 umgewandelt.

Das ist aber nicht die Lieblingsbeschäftigung der Hefe. Wie die meisten lebenden Organismen „atmet" die Hefe am liebsten Sauerstoff und oxidiert so den Zucker vollständig zu Kohlenstoffdioxid und Wasser. Erst wenn Sauerstoff nicht ausreichend zur Verfügung steht, wird der Zucker zu Alkohol und Kohlendioxid umgewandelt.

Bei der Energiegewinnung durch Sauerstoff vermehrt sich die Hefe zudem sehr stark, was sie ohne Sauerstoff nicht macht. Einige schottische Brennereien pumpen daher zu Beginn der Gärung Luft unter die Würze, damit sich die Hefe besser vermehrt.

Die alkoholische Gärung kann aber nur unter Luftverschluss erfolgen.

Die chemische Gleichung für die Gärung lautet:

$$C_6H_{12}O_6 \rightarrow (Hefe) \rightarrow 2\ C_2H_5OH + 2\ CO_2 + Energie$$

Vorher wandelt die Hefe die Maltose in Glucose um:

$$[C_{12}H_{22}O_{11}] + [H_2O] \rightarrow 2 * [C_6H_{12}O_6]$$

Mengenmäßig bedeutet dies, dass aus 1.000 g Zucker 511 g Ethanol, 489 g Kohlendioxid und 867 kJ Wärme entstehen.

Dieses Wissen wird genutzt, um später aus der Differenz der Stammwürze vor und nach der Gärung den Alkoholgehalt zu schätzen.

Die Gärung ist ein komplizierter Prozess, bei dem auch einige Nebenprodukte entstehen, beispielsweise:
- höhere Alkohole wie i-Butanol, n-Propanol, 3-Methylbutanol-1, 2-Methylbutanol-1
- aromatische Alkohole wie 2-Phenyletthanol, Tyrosol oder Tryptophol
- Ester wie Ethylacetat, Phenylacetat und i-Amylacetat
- Carbonylverbindungen, z. B. Acetaldehyd, Propanal, Butanal oder Furfural

Diese chemischen Begriffe seien nur der Vollständigkeit wegen erwähnt und brauchen nicht gemerkt zu werden, die alten Schotten kannten sie nicht einmal.
Es ist jedoch wichtig zu wissen, dass Gärungsnebenprodukte den Geschmack beeinflussen und wir die Gärungsnebenprodukte durch die Wahl der Hefe und den Verlauf der Gärung beeinflussen können.

Ethanol/Methanol
Ethanol oder auch Ethylalkohol wird umgangssprachlich als Alkohol bezeichnet.
Methanol oder auch Methylalkohol (CH_4O) ist der Stoff, der zur Erblindung oder sogar zum Tode führt. Methanol wird hauptsächlich technisch, d. h. katalytisch aus Kohlenstoffmonoxid und Wasserstoff hergestellt.
Bei den Fällen von Methanolvergiftungen, die in der Presse veröffentlicht wurden, handelt es sich oft um Trinkalkohol, der mit technisch produziertem Methanol gepanscht wurde.

Schreckensmeldungen wie *„Drei Schüler aus Lübeck starben, nachdem sie auf einer Türkeireise mit Methanol versetzten Whisky getrunken hatten." (Spiegel-Online 01.02.2010)* haben also absolut nichts mit der falschen Herstellung von Whisky zu tun. Bei der Gärung entstehen auch geringe Mengen Methanol, und zwar hauptsächlich aus Pektin, das im Obst als eine Art Kittsubstanz die Zellen zusammenhält.
Pektin wird auch bei Marmelade auch als Geliermittel verwendet. Bei der Vergärung von pektinhaltigem Obst entsteht also vermehrt Methanol. Daher ist besonders viel Methanol in Tresterbränden (Grappa) enthalten.
Da wir hier aber Malz vergären, in dem kein Pektin vorhanden ist, entsteht bei der Gärung fast kein Methanol. Wir werden also weder an unserem noch an gekauftem Whisky erblinden.
Whisky enthält ca. 31 mg/l Methanol bei Trinkstärke.
Bei Obstbränden sind zum Vergleich, abhängig von der Obstsorte, 10 bis 15 g Methanol je Liter reiner Alkohol erlaubt. Das sind ca. 4.000 mg/l Methanol bei Trinkstärke, also mehr als der hundertfache Wert als beim Whisky.
„Dosen ab 0,1 g Methanol pro kg Körpergewicht sind gefährlich, über 1 g pro kg Körpergewicht lebensbedrohlich." (Zitat aus wikipedia.de)
Für einen 80 kg schweren Menschen wird demnach das Methanol nach 2 Liter Obstbrand gefährlich.

6.2.   Hefe

Wenden wir uns nun der Hefe zu, das ist, wie bereits erwähnt, wegen der Geschmacksbeeinflussung durch die Gärungsnebenprodukte wichtig.
Es gibt ca. 800–1.500 verschienen Hefearten, die sich noch in verschiedene Stämme unterteilen. Bei unserer Hefe sprechen wir von Zuckerhefen, die zur Abteilung der Schlauchpilze gehören. Diese sind in der Lage, aus Zucker Alkohol zu erzeugen.

Für die Gärung kommen Reinzuchthefen zum Einsatz. Das sind Züchtungen von nur einem Hefestamm, die frei von Verschmutzungen wie Schimmelpilzen und Bakterien sind.

Obergärige Bierhefe

Whisky wird generell mit obergäriger Bierhefe hergestellt. Obergärige Hefe bildet Sprossverbände aus einer Vielzahl von Zellen. Diese sind dann groß genug, um von der entstehenden Kohlensäure an die Oberfläche getragen zu werden.

Sie arbeitet am besten bei einer Temperatur von 18 bis 23 °C und entwickelt besonders die geschmacklich positiven Nebenprodukte (höhere Alkohole, Ester) bei der Gärung.

Bierhefe ist aber nicht sehr alkoholresistent und stirbt bereits bei einem Alkoholgehalt von 6–8 % ab. Mit einer höheren Stammwürze wird also nicht unbegrenzt ein höherer Alkoholgehalt erreicht.

In einigen Online-Shops sind die einzelnen obergärigen Hefen näher beschrieben.

Für Whisky sind ein hoher Endvergärungsgrad, also wenig Restzucker, und eine hohe Esterbildung von Vorteil.

Bild 10: Obergärige Bierhefen

Untergärige Bierhefe
Untergärige Bierhefe ist für die Whiskyherstellung nicht interessant. Sie benötigt eine niedrige Raumtemperatur (4–11 °C) für die Gärung, braucht wesentlich länger und produziert kaum die wichtigen Nebenprodukte.

Whiskyhefe
Unter der Bezeichnung „Whiskyhefe" wird im Versandhandel ein Gemisch aus Hefe und Amyloglukosidase vertrieben, ohne dass die Heferasse genannt wird. Amyloglukosidase wandelt die bei der Verzuckerungsrast entstandenen nicht vergärbaren Dextrine in vergärbaren Zucker um. So kann eine höhere Alkoholausbeute erzielt werden.
Eine Packung mit „Whiskyhefe", die laut Beschreibung mehr als 8 % Alkohol erzeugen kann, kann keine Bierhefe enthalten und nicht die wichtigen Nebenprodukte erzeugen.

Weinhefe

Weinhefe gibt es unter der genauen Angabe der Rasse im Versandhandel zu kaufen, also z. B. Burgunder, Pfälzer etc. Sie kann Alkohol bis zu einer Konzentration von 12 bis 14 Vol.-% erzeugen.
Für Whisky ist sie nicht geeignet.

Brennhefe

Brennhefe ist eine für Obstbrände spezialisierte Hefe, die wenige Begleitaromen bildet, damit der reine Fruchtgeschmack besser herauskommt. Sie ist also für Whisky wenig geeignet.

Turbo-Hefe

Turbo-Hefe ist eine Erfindung aus Malmö in Schweden und wird in verschiedenen Sorten vertrieben. Es ist ein Gemisch aus Trockenreinzuchthefe und Hefenährsalzen, das in der Zusammensetzung so gestaltet ist, möglichst schnell zu gären und einen möglichst hohen Alkoholgehalt zu erzielen. Mit Turbo-Hefe lassen sich so hochprozentige Obstmaischen mit 18 bis 20 Vol.-% herstellen, wenn diese aufgezuckert werden. Diese Obstmaischen sind lange haltbar und müssen nicht (wie unsere Würze) möglichst schnell gebrannt werden. Außerdem erhält man gerade bei Mini-Destillen die aromatischeren Brände, da auf einen zweiten Brennvorgang verzichtet werden kann.

Backhefe

Backhefe ist keine Reinzuchthefe, sie kann also mehrere Heferassen enthalten und ist nicht frei von Essigsäurebakterien oder Ähnlichem. Sie ist sehr günstig und leicht zu beschaffen. Backhefe gehört zu den obergärigen Hefen und kann Alkohol und die gewünschten Nebenprodukte produzieren, ist aber nicht darauf speziell gezüchtet.

Die Verwendung von Backhefe kann funktionieren, muss sie aber nicht. Unabhängig davon lassen sich mit Backhefe keine verlässlichen und wiederholbaren Ergebnisse erzielen.

Trocken-/Flüssighefe
Bierhefe wird fast ausschließlich als Trockenhefe vertrieben. Sie ist länger haltbar und einfacher zu lagern als flüssige Hefe. Risikobereite Sparfüchse können ein Tütchen Hefe auch auf mehrere Brauvorgänge aufteilen.
Bei flüssiger Hefe kann auf das Ansetzen eines Gärstarters verzichtet werden.

6.3.   Gärung starten

Gärgefäß

Für den Hobbybereich sind kleine Plastikfässer ideal. Sie sind günstig zu beschaffen, leicht zu reinigen und können mit einem Gärspund verschlossen werden.

Die Würze schäumt beim Gären, daher kann ein Fass nie ganz gefüllt werden. Für 8 Liter Würze muss das Fass 12–15 Liter Volumen haben.

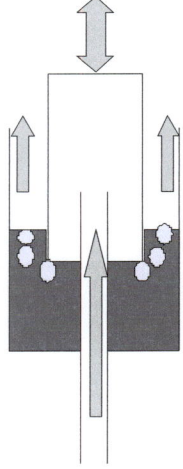

Ein Gärspund verhindert das Eindringen von Luft in das Gärgefäß und ermöglicht dem Kohlendioxid zu entweichen.

Das ist wichtig, denn in der Luft befinden sich Mikroorganismen, wilde Hefen und Bakterien, z. B. Essigbakterien, die die Würze verunreinigen können. Außerdem brauchen einige schädliche Mikroorganismen (Kammhefen, Essigbakterien) Luft, um aktiv zu werden.

Abbildung 1: Gärspund

Ein Luftabschluss hindert also Mikroorganismen am Eindringen und an der Ausbreitung in der Würze.

Eine verunreinigte Würze ist unbrauchbar.

Im Gegensatz zu einer Obstmaische hat die Bierwürze keinen Säureschutz und ist somit sehr anfällig für Verunreinigungen.

Wenn für die Gärung ein Kochtopf verwendet wird, so muss dieser unbedingt mit einem Deckel verschlossen werden.

Auf keinen Fall darf ein Gärgefäß luftdicht, d. h. druckdicht, verschlossen werden, da es sonst explodiert.

Hefezugabe

Wenn die Würze nun angesetzt, also obergärige Bierhefe hinzugegeben wird, muss noch beachtet werden, dass Hefe mehr Nebenprodukte bildet und schneller arbeitet, je höher die Temperatur ist, jedenfalls bis zu einer bestimmten Höchsttemperatur (ca. 28–32 °C).

Experiment: Teile die Würze in zwei Teile, gib die Hefe in einem Teil bei 28 °C und im andern Teil bei 18 °C hinzu. Vergleiche die Brände.

Dabei ist nicht nur die Temperatur im Lagerraum entscheidend, sondern auch die Temperatur, bei der die Hefe zugegeben wird. Wenn die Hefe bei 28 °C in die Würze gegeben wird, startet die Gärung binnen Stunden, und das sehr heftig. Wird die Hefe erst bei 18 °C hinzugegeben, dauert es ca. einen Tag, bis die Gärung richtig in Gang kommt, und der Verlauf ist etwas ruhiger. Auf jeden Fall empfiehlt sich ein Lagerraum mit 18–20 °C, aber nicht kälter als 18 °C oder wärmer als 24 °C.

Die Gärung ist ein exothermer Prozess, im Gärgefäß ist es also etwas wärmer als im Raum.

Um die Gärung mit Trockenhefe zu starten, wird, während die Würze abkühlt, die Hefe bereits mit einem Teil der Würze oder etwas Zuckerwasser aktiviert. Bei 8–10 Liter Würze reichen hierfür 100 ml völlig aus. Sie wird dann bereits aktiv, also gärend in die Würze eingerührt.

6.4.   Gärverlauf

Das Starten der Gärung hängt von der verwendeten Hefe und der Temperatur ab. Je niedriger die Starttemperatur ist, umso langsamer startet die Gärung. Je niedriger die Raumtemperatur ist, umso langsamer verläuft die Gärung.

Die Hauptgärung ist an einer dicken Schaumdecke und einem sehr aktiven Gärspund zu erkennen.

Bild 11: Hauptgärung

Bild 12: Abklingen der Hauptgärung

Mit etwas Erfahrung kann an der Frequenz der Aufwärts- und Abwärtsbewegung des Gärspundes die Stärke der Gärung erkannt werden.
Dabei ist die Menge der Würze auch zu berücksichtigen, denn mehr gärende Würze produziert auch mehr CO_2.
Die Gärung ist, wie erwähnt, exotherm. Wie stark sich die Würze aufheizt, hängt ebenfalls von der gärenden Menge ab. 10 Liter gären also anders als 20 Liter, und so kann allein durch die Menge bereits ein anderer Geschmack beim Endprodukt, dem Whisky, entstehen.
Am Ende der Hauptgärung verschwindet der Schaum auf der Würze und die Hefe sinkt auf den Boden des Gefäßes. Wirklich zu Ende ist sie noch nicht, beim Bierbrauen müssen daher die Flaschen anfangs noch täglich entlüftet werden.

Am Ende der Hauptgärung wird noch einmal die Stammwürze ermittelt und so der Endvergärungsgrad gemessen. Aus der Differenz zwischen der Stammwürze vor und nach der Gärung lässt sich der Alkoholgehalt schätzen. Jedes Prozent Stammwürze entspricht 1g Zucker in einem Liter Würze. Aus einem Gramm Zucker entstehen ca. 0,5 g Alkohol. Der Alkoholgehalt wird dann wie folgt geschätzt:
Alkoholgehalt Vol.-% = (Stammwürze vorher – Stammwürze nachher) / 2
Die Schätzung berücksichtigt nicht die Veränderung des Gesamtvolumens und die Dichte von Alkohol, reicht aber für unsere Zwecke.
Bei einer Stammwürze vor der Gärung von 21 % und nach der Gärung von 4 % hat die Würze also ungefähr einen Alkoholgehalt von $(21 - 4) / 2 = 8,5$ Vol.-%.

Probleme

Wenn die
Trockenhefe in
einem kleinen
Gefäß, z. B. einer
Tasse, aktiviert
wird und nach
einigen Minuten
sich keine dicke
Schaumschicht
bildet, ist die Hefe
alt und
unbrauchbar. Es
macht dann keinen
Sinn, die Gärung
damit zu beginnen.
Für solche Fälle
sollte immer ein
weiteres Päckchen
Hefe im Haus sein.

Bild 13: Gärstarter

Wenn die Gärung nicht richtig in Gang kommt, kann es an der
Raumtemperatur liegen. Weniger als 18 °C oder mehr als 24 °C
sind schädlich. Die Würze muss dann an einen anderen Ort
gebracht werden.

Ergibt der geschätzte Alkoholgehalt einen Wert kleiner 6 Vol.-%,
weil die Reststammwürze zu hoch ist, haben sich entweder beim
Brauen zu viele Dextrine gebildet oder die verwendete Hefe kann
keinen höheren Alkoholgehalt produzieren. Jetzt gilt es, die

gleiche Entscheidung wie nach dem Maischen zu treffen: Brennen, Entsorgen oder Aufzuckern.

Dabei ist auch zu beachten, dass diese Würze wahrscheinlich beim Brennen sehr stark schäumen wird, also nur extrem langsam gebrannt werden kann.

Aufzuckern ist nur sinnvoll, wenn nicht die Hefe das Problem ist, was bei Backhefe sehr wahrscheinlich ist. Mit einer Mini-Destille eine Maische mit weniger als 6 Vol.-% zu brennen, ist sehr arbeitsintensiv. Die Ausbeute ist gering und die Dauer der Brennvorgänge länger.

Säubern der Gefäße

Das Gärgefäß muss sauber und möglichst steril, also frei von Essigbakterien und wilden Hefen sein.

Für Töpfe ist es völlig ausreichend, sie einfach in die Spülmaschine zu stellen. Gärfässer aus Plastik müssen per Hand mit einem Lappen oder einer Spülbürste gereinigt werden. Dabei kann etwas Spülmittel verwendet werden, was aber reichlich abgewaschen werden muss. Zudem empfiehlt es sich, das Fass zusätzlich mit kochendem Wasser zu befüllen und einige Minuten verschlossen (nicht druckdicht!) stehen zu lassen, damit alle alten Hefen oder Spuren davon absterben.

Kleine Fässer mit 12 oder 15 Litern haben hier den Vorteil, dass sie in ein Spülbecken einer Standardküche passen und nicht unter der Dusche gereinigt werden müssen.

7. Destillation

7.1. Rechtliches

Die Herstellung von Brandwein unterliegt in Deutschland
strengen Auflagen.
Geregelt wird dies durch das Branntweinmonopolgesetz, das
seinen Ursprung im Jahr 1887 hat und in der jetzigen Form seit
April 1922 besteht.
Dort steht unter § 46:
„(1) Es ist verboten, folgende Gegenstände anzubieten,
anzupreisen oder zu verkaufen:
1. Vorrichtungen, die zur nichtgewerblichen Herstellung oder
Reinigung kleiner Branntweinmengen geeignet
sind;
2. Anleitungen zur nichtgewerblichen Herstellung oder Reinigung
kleiner Branntweinmengen;
3. Anleitungen zur Herstellung der in Nummer 1 bezeichneten
Vorrichtungen.
(2) Der *Reichsminister der Finanzen* kann Ausnahmen zulassen.“
(Zitat aus dem Branntweinmonopolgesetzt)

Am 06.12.1999 hat der Bundesminister der Finanzen eine
Ausnahme für Kleindestilliergeräte bis zu einem
Fassungsvermögen der Brennblase von nicht mehr als 0,5 Litern
erlassen. Diese Ausnahme ist auf private Zwecke begrenzt.

Am 07.02.2010 wurde eine Petition (Nr. 9911) in den Deutschen
Bundestag eingereicht, um Destillen bis 5 Liter Kesselvolumen
für den privaten Gebrauch freizugeben. Die Petition wurde am
20.12.2011 abgelehnt.

Der Zoll sieht Destillen bis 5 Liter Kesselvolumen generell als
nicht gewerblich an, der Verkauf in Deutschland ist somit
verboten.

48

Bei Destillen mit 5 Litern oder mehr Volumen gilt die doppelte Meldepflicht, d. h., sowohl der Verkäufer als auch der Käufer müssen den Verkauf bzw. Kauf beim Zoll melden.

In unserem Nachbarland Österreich müssen Destillen bis 2 Liter nicht beim Zoll angemeldet werden.

7.2.　Allgemeines

„**Destillation** (*lat. destillare: „herabtröpfeln"*) ist ein thermisches Trennverfahren, um ein Gemisch verschiedener, ineinander löslicher Stoffe zu trennen."
(Zitat aus wikipedia.de)

Wichtig bei der Trennung der unterschiedlichen Stoffe ist, dass diese verschiedene Siedetemperaturen haben. Diese Voraussetzung ist bei einem Alkohol-Wasser-Gemisch gegeben. Außerdem befinden sich in einem Whisky unter anderem noch folgende Stoffe:

Stoff	Siedepunkt
Methanol	64,7 °C
Ethylacetat	77,1 °C
Ethanol (Trinkalkohol)	78,3 °C
Wasser	100 °C
i-Butanol	118 °C
2-Methylbutanol-1	128,9 °C
3-Methylbutanol-1	130,8 °C
Ethylcaprat	208 °C
2-Phenylethylacetat	232,6 °C
Ethyllaurat	273 °C

Nun ist es aber nicht so, dass aus einem Flüssigkeitsgemisch zuerst der Stoff mit der niedrigsten Siedetemperatur vollständig verdampft und dann der nächste Bestandteil.

Es verdampft immer ein Gemisch aus allen Bestandteilen, jedoch haben die Stoffe mit einem niedrigen Siedepunkt den höheren Anteil im Destillat im Verhältnis zum Anteil im Ausgangsgemisch. Der Anteil eines Stoffes im Destillat hängt also von dessen Siedetemperatur und Anteil im Ausgangsgemisch ab. Daher sind im Whisky auch einige Stoffe enthalten, die eine Siedetemperatur von über 200 °C haben (siehe Tabelle).

Erklärt ist somit auch, warum Methanol beim Grappa durch die Destillation nicht entfernt, sondern durch Trennung von Vor- und Mittellauf nur reduziert werden kann.

Betrachten wir die Würze als Alkohol-Wasser-Gemisch, so wird zu Beginn der Destillation nicht reiner Alkohol aus der Destille kommen, sondern z. B. ein 80 Vol.-%iges Destillat.

Im Verlauf der Destillation sinken der Alkoholanteil in der Würze und somit auch der Alkoholgehalt im Destillat.

Alkohol kann übrigens vom Wasser durch Destillation nicht komplett getrennt werden. Bei einem Ethanol-Wasser-Gemisch ist bei einem Alkoholanteil von 95,6 Vol.-% ein azeotropisches Gemisch vorhanden, d. h., die zwei Flüssigkeiten lassen sich durch Destillation nicht weiter trennen.

Wenn die Würze erhitzt und destilliert wird, verändert sich wie erwähnt die Zusammensetzung des Destillats im Verlauf der Destillation.

Beim Brennen werden drei Fraktionen unterschieden: der Vorlauf, der Mittellauf und der Nachlauf.

Vorlauf

Der Vorlauf enthält unter anderem Ethylacetat, niedrig siedende Ester, Acetaldehyd, Butanol, Aceton und auch Methanol. Er hat also die höchste Konzentration der im Ausgangsstoff enthaltenen giftigen Stoffe.

Wie bereits erwähnt, hat ein Whisky fast gar keinen Vorlauf. Selbst die ersten Tropfen des Destillats zeigen bei einem Vorlauftest nach Prof. Pieper die Stufe 1, also beste Vorlaufabtrennung.

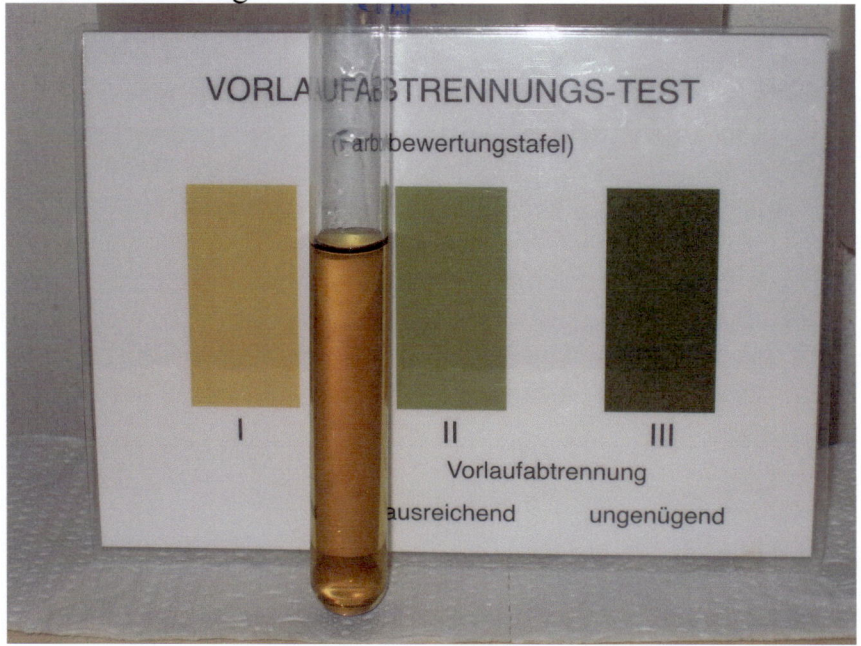

Bild 14: Vorlauftest nach Prof. Pieper mit den ersten Tropfen des Raubrandes

Auf die Vorlaufabtrennung sollte trotzdem nie verzichtet werden, Acetaldehyd zum Beispiel ist ein Zwischenprodukt der alkoholischen Gärung und folglich immer in geringen Mengen vorhanden. Beim Whisky kann der Vorlauf ruhig großzügig abgetrennt werden, ohne einen großen Aromaverlust hinnehmen zu müssen, wohingegen beim Obstbrand das Filetstück des Destillats schnell dem Vorlauf folgt.

Mittellauf
Der Mittellauf ist das Filetstück des Brandes. Er enthält die geschmacksbestimmenden Aromen. Viele Aromastoffe sind chemische Verbindungen, die zur Klasse der Aromaten, Ester, Terpene, Alkylpyrazine, Aldehyde oder Ketone gehören.

Nachlauf
Im Nachlauf ist die höchste Konzentration an Fuselölen. Diese sind nicht giftig, schmecken aber fuselig, beeinflussen den Geschmack des Endprodukts negativ und sind für die Kopfschmerzen am nächsten Morgen verantwortlich.

Die Kunst der Destillation besteht nun darin, Vor-, Mittel- und Nachlauf bestmöglich voneinander zu trennen. Wird der Nachlauf zu früh abgetrennt, entsteht ein geschmacksarmer Whisky, wird er zu spät abgetrennt, schmeckt das Endprodukt nach Fuselölen.

7.3. Destillationsgeräte

Um dieses thermische Trennverfahren durchzuführen, gibt es verschiedene Typen von Destillationsgeräten, die es jeweils auch in verschiedenen Ausprägungen und Bauarten gibt.

Pot Still / Topfdestille
Eine Pot Still oder Topfdestille ist die gängigste Art einer Destillationsanlage und wird sowohl bei Whisky also auch bei Obstbränden eingesetzt. Es gibt diesen Typ in den verschiedensten Formen und Ausprägungen. Diese unterscheiden sich in folgenden Punkten:

Heizung
Als Hitzequellen kommen Gas,
Strom oder bei Mini-Destillen
auch Spiritusbrenner zum
Einsatz. Die Hitze kann direkt
oder über ein Wasserbad (1) auf
die Brennblase (2) übertragen
werden. Ein Wasserbad benötigt
etwas Überdruck, damit das
Wasser nicht bei 100 °C siedet.

Steigraum/Kolonne (3)
Das ist der Raum über der
Maische bzw. Würze, den der
Dampf nach oben steigen muss.
Dieser Raum wird auch
manchmal als Kolonne
bezeichnet und lässt sich bei
einigen Bauarten befüllen.

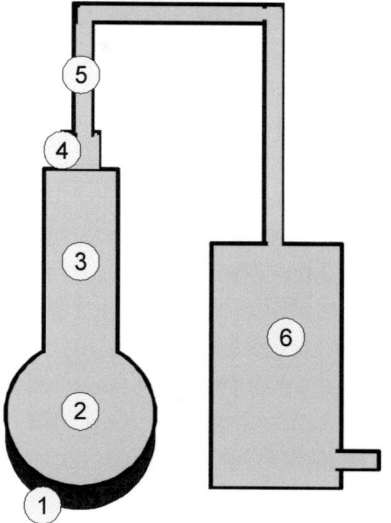

Abbildung 2: Topfdestille

Als Füllung können Aromastoffe
verwendet werden, z. B.
Himbeeren für einen
Himbeergeist oder Anis für
einen Ouzo. Eine solche Destille
kann aber auch für die
Gewinnung ätherischer Öle
eingesetzt werden.
Die Kolonne kann auch mit
Keramik- oder Metallringen
befüllt werden, um die
Trennleistung und somit die
Alkoholkonzentration zu
erhöhen.

Kopf/Helm (4)
Der Kopf ist der höchste Punkt der Destille, meistens eine kleine Ausbeulung am oberen Ende der Destille. Bei größeren, älteren Destillen ist der Kopf bzw. Helm teilweise recht ausgeprägt. Er dient dort bereits der Kondensation der höher siedenden Alkohole, d. h. Fuselöle. Bei Mini-Destillen ist dieser Effekt zu vernachlässigen.
An den Kopf schließt sich das Geistrohr an.

Geistrohr (5)
Das Geistrohr ist im Grunde die Verbindung von der Destille zum Kühler, aber interessant für das Destillat ist lediglich der nach oben führende Teil des Rohres, es wird auch als Steigrohr bezeichnet. Weil der Dampf dort nahe am kühleren Metall vorbeikommt, kondensieren die Bestandteile des Dampfes mit einem höheren Siedepunkt dort wieder und laufen in den Kessel zurück. Der Alkoholanteil im Destillat wird so verstärkt.

Kühler (6)
Im Kühler kondensiert der Dampf wieder. Üblich sind Schlangen-, Spiral- oder Liebigkühler.
Bei einem Spiralkühler verläuft die Dampfleitung spiralförmig durch ein Wasserbad.
Bei einem Liebigkühler ist die Dampfleitung von einer zweiten Leitung umgeben, durch die kaltes Wasser gegen die Dampfrichtung strömt.
Liebigkühler sind einfacher zu bauen und kommen meistens bei selbst gebauten Anlagen zum Einsatz.

In den meisten Darstellungen von Brennanlagen fehlt der Steigraum. Wer schon mal Pot Stills in Schottland gesehen hat, weiß, dass gerade dieser Bereich ausgeprägt ist. Die Glenmorangie Destillerie setzt mit 5,14 m die höchsten

Brennanlagen Schottlands ein und erzeugt so sehr weiche Single Malts.

Für uns hat der Steigraum aber auch eine technische Bedeutung. Im Gegensatz zu Obstmaischen schäumt Whisky beim Brennen extrem. Wenn der Steigraum zu klein ist, muss in der Brennblase entsprechend Platz beim Füllen gelassen werden. Wenn die Blase aber nur ein Volumen von 0,5 Litern hat, ist dies schwierig.

Eine Topfdestille wird im gewerblichen Bereich gerne mit einem oder mehreren Glockenböden und einem Dephlegmator ergänzt.

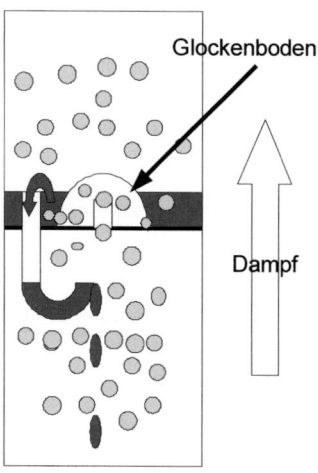

Ein Glockenboden wirkt wie eine zweite Destillation innerhalb des ersten Brennvorgangs und erspart somit einen zweiten.

Ein Dephlegmator ist ein Kühlelement im Kopf der Destille, mit dem sich die Dampftemperatur genau regeln lässt. Er erhöht auch die Trennleistung der Destille, somit können höhere Alkoholkonzentrationen erzielt werden.

Abbildung 3: Glockenboden

Beide Elemente, der Glockenboden und der Dephlegmator, gehen aber zulasten der Aromen.

Gleiches gilt für das Steigrohr, auch das erhöht die Trennleistung und lässt den Brand weniger aromatisch werden.
Im Hobbybereich gibt es deshalb Anlagen ganz ohne Steigrohr, d. h., der Dampf wird vom Kopf der Destille direkt nach unten geleitet.

Reflux-Destille
Eine Reflux- oder Rückflussdestille ist eine Topfdestille ohne großen Steigraum oder Kopf, aber mit einem langen Steigrohr, das zusätzlich von Kühlleitungen durchquert wird.
In dem langen Steigrohr und speziell an den gekühlten Stellen kondensieren die höher siedenden Bestandteile des Dampfes wieder und laufen in den Kessel zurück, daher der Name Rückflussdestille. Diese Anlagen haben eine hohe Trennschärfe, aber eine geringe Aromaausbeute. Sie dienen der Herstellung hoher Alkoholkonzentrationen, ohne viel Aroma.
Diese Anlagen sind für Whisky am wenigsten geeignet.

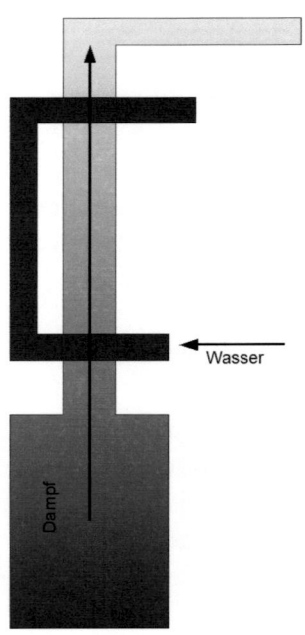

Abbildung 4 Reflux-Destille

Auch für Obstbrände ist dieser Anlagentyp ungeeignet, er wird nur aus Unkenntnis oder zur Gewinnung von geschmacksneutralem Alkohol eingesetzt.

Patent Still / Kontinuierliche Destillation

Eine Patent Still ist etwas komplizierter aufgebaut. Sehr vereinfacht dargestellt besteht sie aus einem Analyzer und einem Rektifier. Die Maische wird kontinuierlich, sozusagen als Kühlwasser, in den Rektifier zugeführt, wobei die zulaufende Maische gleichzeitig das austretende Destillat kühlt und sich selber dabei aufheizt. Die vorgewärmte Maische kommt anschließend in den Analyzer und wird dort per Wasserdampf von den noch enthaltenen Feststoffen getrennt.

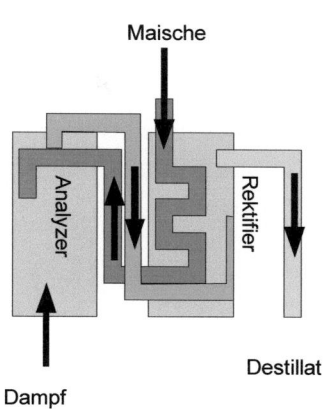

Abbildung 5: Extrem vereinfachte Darstellung einer Patent Still

Die Dämpfe gehen dann in den Rektifier und werden dort kontinuierlich durch die kalte, entgegenströmende Maische kondensiert. Die Abtrennung von Vor- und Nachlauf geschieht ebenfalls fortlaufend.

Das Ganze ist sehr energieeffizient und somit kostengünstig. Auf diese Weise werden billige Korn-Whiskys hergestellt.

Verstärker

Als Verstärker setzten die alten Moonshiner, also die Schwarzbrenner in Amerika zu Zeiten der Prohibition, Holzfässer ein, die hinter die Destille geschaltet wurden. In dem Fass wurde der Alkoholdampf erneut durch Würze geleitet.

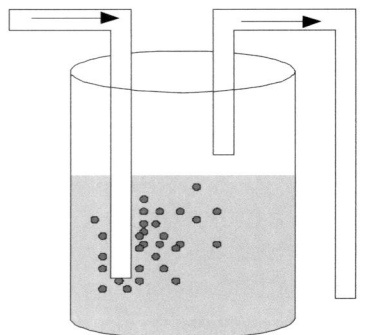

Diese Verstärker sind heute nicht mehr üblich, gerade bei Mini-Brennanlagen könnte man aber so mehr Würze in einem Durchgang verarbeiten, da nicht nur Würze in dem beschränkten Kessel, sondern auch im Verstärker ist.

Die beste Hobby-Destille

Whisky, genauer gesagt die vergorene Würze, hat vier Unterschiede zu einer vergorenen Obstmaische:

1. Sie enthält weniger Alkohol, nur ca. 7–8 Vol.-%.
2. Sie enthält wesentlich mehr Fuselöle.
3. Sie schäumt stark beim Brennen.
4. Die entscheidenden Aromen haben einen hohen Siedepunkt

Für Punkt 2, 3 und 4 sind die hoch gebauten, schottischen Destillen gut gerüstet, ob sie deshalb bewusst so gebaut wurden, entzieht sich meiner Kenntnis.
Die Fuselöle können natürlich auch sehr gut durch lange Steigrohre, Glockenböden oder Dephlegmatoren abgetrennt werden, aber diese kosten auch sehr viele Aromen.

Die optimale Destille für den Hobbybereich hat daher auch einen großen Steigraum, der sich langsam verjüngt. Die schottischen Destillen mit dieser Bauform erinnern an eine Zwiebel. Wenn sich ein Steigraum schnell verjüngt, steigt die Geschwindigkeit des Dampfes nach der Verjüngung abrupt an und vor dieser staut sich der Dampf. Das Ergebnis ist ein ungewollt hoher Rückfluss an kondensierenden Dämpfen.

Außerdem sollte eine Whisky-Destille ein möglichst kurzes Steigrohr haben. Interessanterweise werden Destillen mit einer solchen Bauform nicht als Whisky-Destillen, sondern als Aroma- oder Kolonnen-Destillen vertrieben.

Der Steigraum ist dabei nicht als solcher vorgesehen, sondern zur Befüllung mit Obst oder Pflanzen, um Geiste[1] oder ätherische Öle herzustellen.

Wichtig für die Destille ist ein Thermometer, das am obersten Punkt angebracht sein muss.

Vor- und Nachlauf lassen sich beim Whisky zwar zur Not über den Geschmack und Alkoholgehalt abtrennen, aber das ist aufwendig und suboptimal.

Optimal für den Hobbybereich wäre eine Destille mit 5 bis 10 Liter Kesselvolumen, dann könnte ein Brauvorgang mit zwei Raubränden verarbeitet werden. Leider sind in Deutschland für den privaten Bereich diese Größen nicht zugelassen.

Mini-Destillen

Mini-Destillen mit 0,5 l Kesselvolumen gibt es in verschiedenen Formen im Versandhandel. Es gibt Modelle, die fest auf einem Holzbrett montiert sind. Sie haben einen festen Stand und werden mit einem Spiritusbrenner beheizt. Andere Modelle werden ohne Brenner und Montageplatte geliefert, diese Anlagen sind so gebaut, dass sie auf einer ebenen Fläche montiert werden können. Stellt man die Destille auf eine Herdplatte, muss für den Kühler eine passende Erhöhung gesucht werden.

---

[1] Bei Geisten, z. B. Himbeergeist, werden die Aromen der Frucht durch Neutralalkohol entzogen.

Es gibt Modelle, die werden nur zusammengesteckt, andere mit Schrauben oder einem Schraubgestell verschlossen. Die verschraubten Modelle sind in der Regel hochwertiger, aber auch teuer.

Das Kesselvolumen und der Steigraum sehen bei beiden Arten unterschiedlich aus, da einmal nur die halbe und einmal die ganze Kugel als Kessel dienen.

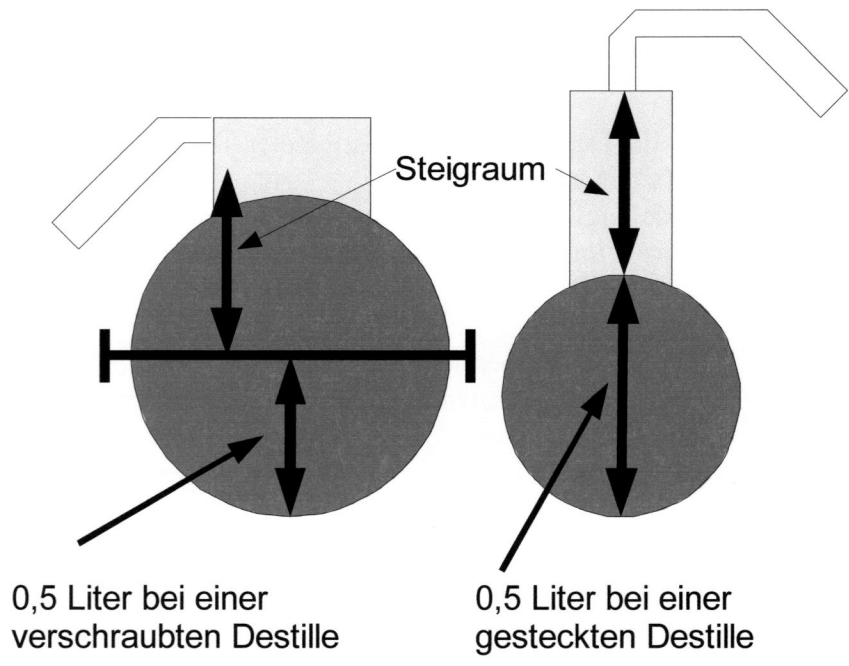

0,5 Liter bei einer verschraubten Destille

0,5 Liter bei einer gesteckten Destille

Abbildung 6: Kesselvolumen

Die zusammengesteckten Destillen dichten sich durch die Wärmeeinwirkung selbst ab, daher können sie erst nach vollständiger Abkühlung wieder demontiert werden.

Bild 15: Mini-Destille im Einsatz

Bei den Mini-Destillen ist der Kühler meistens sehr klein dimensioniert und erfordert einen ständigen Wasseraustausch. Das Destillieren kann erheblich vereinfacht werden, wenn die Kühlung mit einer kleinen Springbrunnenpumpe und einem Wasserspeicher erfolgt und so ein Kühlkreislauf hergestellt wird.
Zusätzlich kann ein Kühlakku aus dem Eisschrank in den Wasserspeicher gelegt werden.
Eine elektrische Heizplatte wie auf dem Foto ist eine saubere und sichere Sache, hat aber auch den Nachteil, dass die integrierte Temperatursteuerung zum automatischen An- und Abschalten der Heizleistung führt.
Bereits vor dem Kauf einer Destille sollte sich überlegt werden, wie geheizt werden soll, da sich der Brenner meistens nicht einfach austauschen lässt.

Selbstbau

Für den Selbstbau einer Destille sind gute handwerkliche
Fähigkeiten und ein günstiger Zugang zu den Materialien
notwendig, ansonsten ist der Kauf immer der bessere Weg.
Als Basis eignen sich gut Kochtöpfe mit Deckel. Um die 0,5-
Liter-Grenze einzuhalten, ist ein Topf aus der Puppenküche der
Tochter erste Wahl.
Die Verbindung zwischen Topf und Deckel kann mit einer
Silikondichtung abgedichtet werden. Hierfür lassen sich
aufgeschnittene Silikonschläuche verwenden, die es im
Modellbauzubehör gibt. Sie werden von Modellfliegern als
Benzinleitungen benutzt.
Das Steigrohr kann man am Deckel mit einer Borddurchführung
aus dem Bootszubehör befestigen. Als Geistrohr eignen sich
Wasserleitungen, diese müssen mit Kupferlot hartgelötet werden.
Bei Weich- und Messinglot gibt es unterschiedliche Meinungen
über die Alkoholbeständigkeit und eine schleichende
Schwermetallvergiftung sollte niemand riskieren. Mit zwei
ineinandergeschobenen Rohren lässt sich ein Liebigkühler bauen.
Dieser sollte für eine Mini-Anlage 50–100 cm lang sein.
Der Abstand der beiden Rohre, der Bereich, in dem das kalte
Wasser fließt, muss nur 2–3 mm breit sein.
Für den Liebigkühler empfiehlt sich eine Umlaufpumpe, sonst
wird der Wasserverbrauch recht groß. Hierzu lassen sich kleine
Pumpen für Zimmerbrunnen verwenden.

Selbst gebaute Destillen haben aufgrund der zur Verfügung
stehenden Materialien meistens keinen Kopf, stattdessen geht der
breite Brenn- und Steigraum sofort in ein dünnes Steigrohr über.
So ergibt sich ungewollt ein hoher Rücklauf am Deckel der
Destille, was für den Geschmack des Whiskys nicht besonders gut
ist.

Material

Destillen für Whisky müssen aus Kupfer sein und eine Bratwurst kann man nur auf Holzkohle richtig grillen. Während es bei der Bratwurst durchaus Menschen gibt, die einen Gasgrill favorisieren, ist sich die Menschheit bei Destillen für Whisky über das Material Kupfer einig.

Nüchtern betrachtet sieht das Kupfer einer Destille vor und nach dem Brennen tatsächlich unterschiedlich aus. Nach dem Brennen der Würze ist der Kessel blank und die Teile, die nur mit dem Dampf in Berührung kommen, sind beschlagen.
Ganz unbeteiligt ist das Kupfer an der Destillation also nicht, auch wenn chemisch gesehen für eine katalytische Wirkung eine viel größere Oberfläche notwendig ist.

Bild 16: Kupfer einer Mini-Destille vor dem Brennen

Bild 17: Kupfer einer Mini-Destille nach dem Brennen (Rohbrand)

Reinigen

Destillen können einfach mit einer Spülbürste oder einem Lappen und etwas Spülmittel gereinigt und nachher ausgespült werden. Angebranntes lässt sich mit einem Stahlwollschwamm entfernen. Hierzu sollte jedoch kein Akkupatz oder Ähnliches mit integriertem Putzmittel verwendet werden.

Um das Kupfer wieder richtig blank zu bekommen, wird die Destille mit Zitronensäure behandelt. In einem Topf wird Wasser zum Kochen gebracht und etwas Zitronensäure im Wasser aufgelöst, dann wird die Destille darin eingetaucht.

Auf Bild 15 ist zu sehen, wie eine Destille nach einer Zitronensäurebehandlung aussieht.

Ein eingebautes Thermometer (wie auf den Fotos) darf nicht mit untergetaucht werden, da es nicht wasserdicht ist.

7.4.   Brennen der Würze

Temperatur

Beim Brennen ist die Dampftemperatur ein entscheidender
Richtwert für die Abtrennung von Vor- und Nachlauf.
Wasser siedet bei 100 °C, theoretisch sollte das Thermometer
dann diesen Wert anzeigen. Praktisch muss der Wert erst ermittelt
werden, da er von mehreren Faktoren abhängt.
Bei 100 °C siedet Wasser auf Meereshöhe, je 300 m ist es 1 °C
weniger. Auf 600 m Höhe siedet Wasser also bei 98 °C.
Weitere Faktoren sind der Einbauort des Thermometers in der
Destille und das Thermometer selbst. Der genaue Wert für eine
Destille wird mit Wasser ermittelt, das mindestens 5 Minuten
kocht. Einige Thermometer sind etwas träge bei der Anzeige.
Beim Kochen muss destilliertes Wasser aus der Anlage laufen.
Die Differenz zwischen 100 °C und dem ermittelten Wert wird
von allen folgenden Temperaturangaben abgezogen.

Geruch/Geschmack

Für die Abtrennung des Vor- und Nachlaufs ist der Geruch und
Geschmack des Destillats wichtig. Den Vorlauf beim Whisky zu
erschnüffeln ist nahezu unmöglich, da hilft nur die Temperatur.
Bei Obstbränden kann dieser stechend oder nach Klebstoff
riechen. Aber auch scheinbar gut riechendes Destillat kann noch
von einem Vorlaufabtrenntest als Vorlauf enttarnt werden.
Der Nachlauf hingegen ist beim Whisky auch für ungeübte Nasen
und Zungen leicht zu erkennen, vorausgesetzt. Es sind mehrere
Proben zum Vergleichen verfügbar. Er schmeckt fad und fuselig.

Alkoholmessung
Der dritte Richtwert beim Brennen ist der Alkoholgehalt des austretenden Destillats. Bei professionellen Anlagen ist dazu direkt am Ausgang eine Alkoholspindel angebracht, die diesen Wert permanent anzeigt.
Eine Alkoholspindel braucht aber zum Schwimmen eine Mindestmenge an Flüssigkeit, die mit einer Mini-Destille nicht erreicht wird. Darum bleibt nur die Möglichkeit, den Alkoholgehalt mit einem Refraktometer zu messen.

Für eine gute Abtrennung des Mittellaufs, also der Teil, der später zum Whisky wird, müssen alle drei Parameter im Auge behalten werden. Ich empfehle die Temperatur und den Alkoholgehalt zu nutzen, um den Zeitpunkt zu bestimmen, an dem das Destillat in viele kleine Schnapsgläser gefüllt wird. Über die genaue Abtrennung sollten dann Geruch und Geschmack entscheiden.

Refraktometer gibt es zur Zuckerbestimmung und zur Alkoholbestimmung. Die Zucker- oder Alkoholkonzentration wird jeweils durch Lichtbrechung ermittelt. Ein Refraktormeter zur Alkoholbestimmung braucht nur ein bis zwei Tropfen für eine Messung. Der Tropfen wird mit einer Pipette aufgetragen. Diese darf keine Reste der vorherigen Probe in sich haben. Um die Messung mit einem Tropfen zu verfälschen, genügen denkbar kleine Mengen.

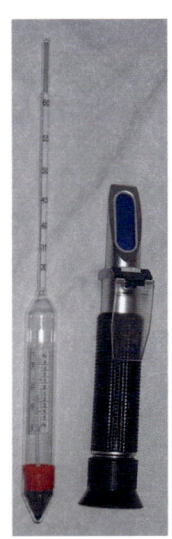

Bild 18: Alkoholspindel und Refraktometer

Ein Refraktometer hat meistens einen automatischen Temperaturausgleich, eine Spindel dagegen ist in der Regel auf 20 °C geeicht. Empfehlenswert ist eine Spindel mit Thermometer, um den Temperaturausgleich ablesen zu können, denn jedes Grad Temperaturabweichung verändert das Messergebnis um ca. 0,4 Vol.-%.

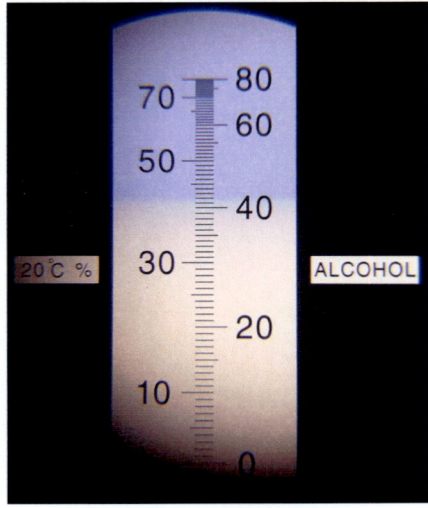

Bild 19: Blick in ein Refraktometer

Raubrand

Wenn die Würze ihre Hauptgärung beendet hat, also die Hefe zu Boden gesunken ist, kann mit dem Brennen begonnen werden. Eine vollständige Vergärung kann noch bis zu 0,5 Vol.-% mehr in der Maische bedeuten, aber bei einem Ansatz von 8 Liter Würze werden mit einer 0,5-Liter-Destille 16 bis 20 Brennvorgänge benötigt.

Experiment: Brenne die letzte Kesselfüllung mit der Hefe und vergleiche das Ergebnis mit einem Raubrand ohne Hefe.

Da die Würze sehr anfällig gegen Infektionen ist, sollte sie möglichst nicht lange gelagert werden. Die Würze wird ohne die am Boden abgesetzte Hefe in die Destille gegeben.

Um ein Überschäumen zu verhindern, empfiehlt es sich, etwas Antischaummittel in den Kessel zu geben. Normales Haushaltsöl, wie man es bei Nudeln in den Topf gibt, damit diese nicht überkochen, hilft wenig.

Je besser die Verzuckerung beim Brauen und je höher der Endvergärungsgrad der Würze ist, desto weniger schäumt diese. Es ist auch durchaus möglich, manche Würzen mit voller Kraft zu brennen, ohne dass sie überkochen.

Der Kessel wird bis ca. 70 °C mit voller Kraft aufgeheizt, dann wird die Heizleistung gedrosselt. Ab ca. 80 °C wird die Heizleistung auf ein Minimum reduziert, bis die ersten Tropfen aus der Brennanlage fließen.

Bei einer Mini-Destille reichen 2–4 Tropfen, die als Vorlauf abgetrennt werden, aus.

Im Grunde genommen kann bei der ersten Destillation auf eine Vorlaufabtrennung verzichtet werden, aber damit ist sichergestellt, dass keine alten Rückstände aus dem Kühler im Destillat landen.

Typischer Vorlauf, wie er bei Obstmaischen auftreten kann, riecht scharf, stechend und/oder nach Klebstoff.

Nun wird 5 Minuten mit minimaler Leistung weiter destilliert, dann wird in 5-Minuten-Abständen die Heizleistung langsam erhöht. Je länger die Würze kocht, umso weniger schäumt sie. Bei ca. 98 °C Dampftemperatur oder 15 Vol.-% Alkohol im Destillat wird die Destillation beendet. Danach ist nur noch so wenig Alkohol in der Würze, dass sich eine weitere Destillation nicht mehr lohnt.

Bei einem Destillationsvorgang mit 0,5 Liter Würze entstehen ca. 70–100 ml Raubrand mit 35–40 Vol.-% Alkohol.

Spätestens jetzt wird klar, dass wir mit diesem Hobby nicht als Alkoholiker enden werden.

Mit dem Destillat aus 3–6 Raubränden kann ein Feinbrand gemacht werden.

Feinbrand

Beim Feinbrand wird wieder bis 70 °C voll aufgeheizt, dann die Heizleistung reduziert.

Die ersten Tropfen kommen jetzt früher. Als Vorlaufabtrennung reichen auch hier 2– 4Tropfen, danach sollte die Temperatur ca. 81 °C erreicht haben. Alles vor 81 °C ist Vorlauf und wird entsorgt.

Bei einer Dampftemperatur von ca. 81 °C hat das Destillat einen Alkoholgehalt von ca. 80 Vol.-%. Mehr lässt sich mit einer Topfdestille nicht erzielen.

Jetzt kann mit der Heizleistung der Geschmack beeinflusst werden. Bei voller Heizleistung werden die Bestandteile des Raubrandes nicht so gut getrennt, d. h., es gehen mehr Aromen, aber auch Fuselöle in den Feinbrand über. Der Whisky wird geschmacklich kräftiger, bekommt aber auch Ecken und Kanten.

Das Wichtigste beim Feinbrand ist die richtige Abtrennung des Nachlaufs.

Bei Kernobst beginnt der Nachlauf zwischen 45 und 50 Vol.-%, bei Steinobst bei 50 bis 55 Vol.-%, aber bei Whisky schon bei 65 Vol.-%.
Die Dampftemperatur beträgt dann ca. 88–89 °C.
Um den Nachlauf richtig abzutrennen, wird ab 86 °C das Destillat in kleine Schnapsgläser laufen gelassen. Nach ca. 10–20 ml wird auf das nächste Glas gewechselt. Wenn 3–4 Gläser gefüllt sind, kann das letzte Glas erschnüffelt werden, das noch genießbar ist. Nachlauf riecht fad und fuselig.
Etwas schwieriger ist es beim Bourbon. Hier ändert sich der Geschmack bzw. Geruch ebenfalls bei ca. 65 Vol.-% sehr stark, aber jetzt kommen auch erst die typischen Bourbon-Aromen zum Vorschein. Es ist also notwendig, noch etwas in diesen Geschmacksumschwung hineinzudestillieren.
Bei 500 ml Rohbrand können ca. 150–180 ml Feinbrand mit 75–80 Vol.-% gewonnen werden.

Nach dem Mittellauf kann noch etwas weiter destilliert werden, um Nachlauf zu gewinnen, der dem nächsten Raubrand zugefügt wird. Das hat aber nur den Sinn, die Ausbeute zu erhöhen, die Qualität wird so nicht gesteigert.
Wer oft hintereinander brennt, sollte spätestens nach 3–4 Feinbränden einmal den Nachlauf entsorgen, sonst reichern sich immer mehr Fuselöle an. Der Nachlauf vom Feinbrand kann aber auch einer Resteverwertung zugeführt werden, wie sie später beschrieben wird.

Filtern
Einige Brennereien, z. B. Jack Daniels, filtern ihren Whisky mit Holzkohle. Dadurch werden die Fuselöle, aber leider auch andere Aromen reduziert. Der Whisky wird dadurch weicher und runder.

Eine andere Möglichkeit ist es, den Raubrand zu filtern, dann ist auch sichergestellt, dass keine Kohlereste im Destillat sind.

Im Hobbybereich wird Aktiv- anstatt Holzkohle verwendet, diese ist zum Filtern besser geeignet und in den kleinen benötigten Mengen auch wirtschaftlich kein Problem.

Aktivkohle wirkt am besten, wenn in einer Röhre die gesamte Flüssigkeit durch die gesamte Aktivkohle fließen muss. Eine passende Metall- oder Glasröhre zu finden ist schwierig. Daher wird die Verwendung mit einem Kaffeefilter beschrieben.

Für ein 0,5-Liter-Destillat werden 2–3 Teelöffel Aktivkohle in einen Kaffeefilter gegeben. Nun wird immer nur so viel Destillat in den Filter gegossen, dass kein Flüssigkeitsfilm auf der Kohle ist, sondern immer alles in der Aktivkohle versickert. Das ist nichts für Hektiker, sondern eine Nebenbeschäftigung für einen Fernsehfilm.

Alternativ kann die Aktivkohle auch einfach in das Destillat gegeben werden und dort ein paar Tage bleiben, bis sie abgefiltert wird.

Nach einer Behandlung des Raubrandes mit Aktivkohle kommt der Nachlauf beim Feinbrand etwas später und auch nicht so schlagartig. Das Abtrennen des Nachlaufs benötigt dann etwas mehr Feingefühl.

Obwohl die Lagerung, die angeblich den Geschmack eines
Whisky zum größten Teil bestimmt, noch nicht begonnen hat, gibt
es bis hierher schon 6 Faktoren, mit denen wir den Geschmack
beeinflussen können:

- Malz-/Getreidesorten
- Heferasse
- Gärtemperatur
- mit/ohne Hefe brennen
- Destillat mit Aktivkohle filtern
- Abtrennzeitpunkt des Nachlaufs

Einen weiteren Einfluss haben auch die verwendete Destille und
die Qualität des Malzes und der Hefe.

8. Finalisieren

8.1.　Verdünnen

Whisky wird vor der Lagerung auf 60–65 Vol.-% verdünnt. Vor der Abfüllung wird dann die Trinkstärke mit 40–43 Vol.-%, teilweise auch 46 Vol.-% eingestellt.

Das Verdünnen hat eine kleine Besonderheit. Wasser und Alkohol ziehen sich beim Mischen zusammen, man spricht von der Kontraktion. 1 l Wasser und 1 l Alkohol ergeben also keine 2 Liter Flüssigkeit, sondern weniger.

Wenn die Kontraktion außer Betracht gelassen wird, kann die Wassermenge, die zum Verdünnen benötigt wird, einfach errechnet werden. Genau lässt sich die Wassermenge über Tabellen ermitteln (siehe Anhang).

Um ein Destillat ohne Rücksicht auf die Kontraktion mit Wasser zu verdünnen, braucht man die folgende Menge Wasser:

M = Menge des Destillats
Alk_alt = Alkoholgehalt des Destillats
Alk_neu = gewünschter Alkoholgehalt

Wasser = ((Alk_alt – Alk_neu) / Alk_neu) * M

Sollen 500 ml eines 78 Vol.-%igen Destillats auf 43 Vol.-% verdünnt werden, so ergibt diese Formel:
Wasser = (78 – 43) / 43 * 500 = 406,98 ml

Nach der Verdünnungstabelle braucht man
5 * 84,8 ml = 424 ml Wasser,
also 17 ml mehr.

Für das Einstellen auf Trinkstärke sollte daher immer die Tabelle genommen werden.

74

8.2. *Lagerung*

Gewerbliche Destillerien
Die schottischen Brennereien lagern ihren Whisky in alten,
gebrauchten Fässern. Besonders bekannt sind die alten
Sherryfässer, die aber selten allein zum Einsatz kommen.
Meistens lagert der schottische Whisky in alten Bourbonfässern
und wird dann in Sherryfässern nachgelagert oder Whisky aus den
Sherry- und Bourbonfässern wird gemischt.
Es gibt auch viele Whiskys, die in speziellen Fässern nachgelagert
wurden, z. B. alte Fässer vom Portwein, Weißwein oder Rum.

Amerikanischer Bourbon Whisky darf nur in neuen Fässern
gelagert werden. Damit der Holzton im Geschmack nicht
dominiert, werden die Fässer ausgebrannt, was als toasten
bezeichnet wird. Die verkohlte Holzschicht im Fass wirkt auch
wie Aktivkohle und reinigt den Whisky. Es ist also für einen
Whisky ein Unterschied, ob ein Fass leicht, mittel oder stark
getoastet ist.
Bei der Wiederverwertung der Bourbonfässer in Schottland
besteht immer noch die Gefahr des dominanten Holzgeschmacks.
Erst wenn die Fässer ein- oder zweimal in Schottland benutzt
wurden, sind sie für eine längere Lagerung von Whiskys geeignet.

Um einen Malzbrand Whisky nennen zu dürfen, muss er
mindestens drei Jahre in einem Fass gelagert werden, Bourbon 2
Jahre. Die gewerblich hergestellten Maltwhiskys sind zum
Großteil 8–15 Jahre gelagert. Bei älteren Whiskys ist dem Preis
dann fast keine Grenze mehr gesetzt. Bei billigen Blended
Whiskys kann von einer Lagerzeit von genau drei Jahren
ausgegangen werden.
Die verwendeten Fässer sind zwischen 180 und 700 Liter groß
und bestehen aus Eiche, entweder Amerikanische Weißeiche
(*Quercus alba*) oder Europäische Eiche (*Quercus robur, Quercus*

petraea). Die Amerikanische Weißeiche hat den Vorteil, dass das Holz eine geringere Porosität und weniger Tannine hat. Holzfässer sind nie ganz dicht, bei der Lagerung verdunstet der sogenannte Engelsanteil. Das sind ca. 0,5 bis 2,5 % des Volumens pro Jahr.

Diese Art der Lagerung ist im Hobbybereich nicht möglich. Hier müssen andere Wege gegangen werden.

Einflussfaktoren

Die Lagerung eines Whiskys hat verschiedene Einflussfaktoren:
- der Kontakt mit Sauerstoff
- der Alkoholgehalt des Destillats
- der Kontakt mit Holz
- die Temperatur

Es gibt für den Hobbybereich zwei Lagermöglichkeiten, wobei wir diese Einflussfaktoren im Auge behalten müssen.

Holzspäne

Eichenholzspäne gibt es im Versandhandel, wie echte Fässer gibt es auch Späne in verschieden stark getoasteten Varianten und Holzarten. Alternativ kann auch ein Stück Eiche aus dem Wald genommen werden, aber es muss trocken sein. Toasten kann man die kleinen Eichestücke einfach mit einem Feuerzeug. Die Holzstücke haben eine große Oberfläche und so werden sie recht sparsam verwendet. Für einen Liter Whisky reicht 1 g Späne. Bei einem Feinbrand von 150 ml reden wir also von einem kleinen Holzspan, der so groß ist wie ein Kästchen eines karierten Blattes. Mehr Holz führt zu einer recht schlecht schmeckenden Holznote. Die Holzspäne können vor Gebrauch auch 1–2 Tage in Portwein, Sherry oder etwas anderem gelagert werden. Dies hat dann nahezu den gleichen Effekt wie ein altes Portwein- oder Sherryfass.

Die Flasche, in der der Whisky mit den Holzspänen gelagert wird, darf nicht dicht versiegelt sein, auch wenn in der Flasche viel Luft enthalten ist. Die Flasche kann einfach mit einem Pfropf aus Baumwollwatte atmungsaktiv verschlossen werden, nur so kann der Whisky richtig reifen.

Am Anfang der Lagerung sollten alle 2 Wochen der Alkoholgehalt und der Geschmack geprüft werden. Zum Abschmecken können 3 ml Whisky und 1,5 ml Wasser mit der Pipette abgemessen und gemischt werden. Wenn der Holzton zu kräftig wird, müssen die Eichenspäne entfernt werden, die Lagerung kann dann ohne Holz weitergehen. Mit Amerikanischer Eiche ist es deutlich weniger gefährlich, einen Holzton in das Destillat zu bekommen.

Bourbon bezieht einen Großteil seines typischen Aromas aus dem stark gerösteten Holz. Um das zu erreichen, müssen auch gekaufte Holzspäne noch mal geröstet werden. Dazu wird ein Holzspan einige Sekunden in eine Gasflamme gehalten, bis er anfängt zu brennen, dann wird er im Wasser gelöscht. Der Holzspan sollte nun zum größten Teil schwarz sein. Das geht aber nur mit groben Holzspänen, die schon mehr wie Chips aussehen, kleine Späne verbrennen vollständig.

Durch das starke Erhitzen karamellisiert der Holzzucker und prägt den Geschmack des Whiskys.

Über die angestrebte Lagerzeit sollte der Alkoholgehalt des Whiskys von 65 auf 58 Vol.-% sinken. Wenn das nicht automatisch über den Verdunstungsverlust geschieht, kann das Destillat über die Lagerzeit verteilt mit etwas Wasser verdünnt werden.

Die Reifung kann mit Wärme beschleunigt werden. Da der Engelsanteil mit der Temperatur steigt, sollte die Flasche für die Zeit der warmen Lagerung verschlossen werden. Bereits zwei Wochen an einem warmen Ort, z. B. im Winter auf der Heizung, bringen signifikante Geschmacksunterschiede im Destillat.

Minifass
Kleine Fässer aus Eichenholz gibt es im Versandhandel ab einem
Volumen von einem Liter in diversen Größen. Die kleinen
Holzfässer sind nicht sofort gebrauchsfertig. Abgesehen von der
Vorbereitung mit Natron laut Gebrauchsanleitung ergibt eine
Erstbefüllung einen viel zu dominanten Holzton.
Einige Fässer sind aromaneutral mit einem Fassfilm versiegelt.
Diese Fässer sind für Whisky unbrauchbar.

Das Verhältnis von Holzoberfläche zum Volumen ist in einem
Minifass 5–6 Mal so hoch wie bei einem echten Whiskyfass, d. h.,
der Kontakt zum Holz ist fünfmal intensiver.
Als Erstes sollte daher ein neutraler Alkohol, z. B. Wodka, für ca.
4 Wochen in dem Fass gelagert werden, dann der gewünschte
Geschmacksbringer, z. B. Sherry. Der Sherry oder Portwein muss
aber nicht das Fass randvoll füllen, es reicht, eine Flasche
einzufüllen und das Fass 2 Tage lang immer etwas zu drehen.
Jetzt ist das Fass für den ersten Whisky bereit.
Besonders empfehlenswert sind Aromaspender mit einem hohen
Zuckergehalt, sie geben dem Whisky eine süße Note. Wenn also
ein Weiß- oder Rotwein gewählt wird, sollte dieser lieblich sein.

Ein weiteres Problem mit den kleinen Fässern ist der hohe
Engelsanteil, da glaubt man an ein Festgelage im Himmel. Der
Verlust beträgt 3–7 % pro Monat, das ist mehr als das Zehnfache
von großen Fässern.
Eine Möglichkeit, den Engelsanteil zu reduzieren, ist, das Fass zu
wachsen. Dazu wird 100 % Bienenwachs heiß und flüssig
gemacht und dann mit einem Pinsel aufgetragen. Wenn der erste
Anstrich nicht so gut gelingt, kann das Wachs mit einer
Heizluftpistole und einem Pinsel besser verteilt werden. Es gibt
aber auch Fässer, die ab Werk beschichtet sind.
Um die mögliche Lagerzeit bei den hohen Verlusten zu
verlängern, sollte der Whisky unverdünnt in ein Minifass gefüllt

und die ersten Verluste mit Wasser ersetzt werden, bis 65 Vol.-% erreicht sind. Das hat auch den Vorteil, dass das Destillat bei der Reifung ein größeres Spektrum an Alkoholkonzentrationen durchläuft.

Für einen echten Whisky sind drei Jahre in einem Fass Pflicht. Das lässt sich kaum in einem warmen trockenen Keller darstellen, hierzu ist ein kühler und etwas feuchter Lagerraum notwendig. Je wärmer und trockener der Lagerraum, umso höher sind die Verluste.

Wenn das Fass mehrfach gebraucht wurde, gibt es keine Holzaromen mehr ab, dann müssen auch im Fass Holzspäne zugesetzt werden.

Billiges Minifass
In Internetauktionen werden immer wieder sehr günstige Echtholzfässer angeboten. Diese können sich von Qualitätsfässern in folgenden Punkten unterscheiden:
- Das Holz ist wesentlich dünner.
- Sie sind nicht getoastet.
- Sie haben einen Fassfilm, der sich laut Beschreibung mit heißem Wasser entfernen lässt.
- Die Fassreifen sind nicht aus dickem doppelt genietetem Eisen, sondern dünnem verschweißtem Blech.
- Das Fass wird nicht von den Fassreifen zusammengehalten, sondern ist geleimt.
- Damit sich die dünnen Fassreifen überhaupt auf dem Fass halten können, sind sie genagelt.
- Sie sind nur mit einem Holzhahn lieferbar.

Bei einem Fass, das ein Drittel eines Qualitätsfasses kostet, ist davon auszugehen, dass alle Punkte zutreffen.

Bild 20: Links das Qualitätsfass, rechts das billige Fass. Optisch sehen beide auf den ersten Blick gut aus.

Bis auf einen Punkt wäre auch ein billiges Fass für eine Lagerung zwar schlechter als ein Qualitätsfass, aber zu gebrauchen.
Der Leim macht ein billiges Fass unbrauchbar, Holzleim ist nicht alkoholbeständig.
Bevor Sie ein Fass kaufen, sollten Sie auf jeden Fall nachfragen, ob es geleimt ist.

Fass versus Späne

Obwohl bei der Verwendung von
Eichenspänen in einer offenen Flasche sowohl
Holz als auch Luft zur Verfügung stehen, sind
die Ergebnisse völlig unterschiedlich. Kleine
Fässer sind recht teuer, aber für den finalen
Durchbruch zum echten eigenen Whisky, der
auch wirklich einen direkten Vergleich mit
einem gekauften Single Malt standhalten kann,
ist die Anschaffung unumgänglich.

Experiment:
Lagere einen Teil
desselben Whiskys
in einer Flasche
und einen Teil in
einem Fass.

Ungeduld ist eine Tugend, die so mancher Personalchef noch als
positiv ansieht, bei der Lagerung ist sie aber ein Problem.
Es gilt also, einen Kompromiss zwischen Neugierde und Lagerzeit
zu finden. Dazu kann man sich bei jedem Whisky ein neues Ziel
setzen, z. B. den ersten eigenen Whisky 3 Monate, den zweiten 6
Monate usw. lagern.

Probleme

Er verfolgt mich, seitdem ich Whisky brenne: der Holzton.
Bei einem Minifass wird das Problem durch die erste Befüllung
mit Wodka gebannt und ist auch nie so dominant wie bei Spänen.
Bei Eichenspänen muss man sehr vorsichtig sein und rechtzeitig
die Späne entfernen oder das Problem aussitzen. Die Zeit zum
Aussitzen wird in Jahren gemessen, den man den Whisky lagern
muss, bis der Holzton wieder erträglich wird. Bei amerikanischer
Eiche ist das Problem deutlich geringer.
Um nicht gleich den ersten Whisky im Holzton zu versenken,
empfehle ich, auch die Späne vorher in Wodka zu lagern.

8.3.   *Abfüllen*

Nach der Lagerung muss der Whisky auf Trinkstärke verdünnt
werden. Zum Entfernen der Holzspäne oder kleiner Partikel aus
dem Fass kann der Whisky mit einem Kaffeefilter filtriert werden.
Zum Verdünnen wird sehr weiches Wasser benötigt, da der Kalk
ansonsten zu einer Trübung führt. Hier lässt sich am bestens
entmineralisiertes Wasser oder wie beim Brauen gefiltertes
Wasser verwenden. Wenn der Whisky auf Trinkstärke verdünnt
ist, muss er noch 4 bis 6 Wochen ruhen, um dann noch mal
gefiltert zu werden. Ich persönlich habe noch keinen Whisky
erlebt, der nicht trübe geworden ist, teilweise sogar noch nach
mehr als 6 Wochen.
Der Whisky kann auch kalt gefiltert werden, also bei -4 bis -5 °C,
dadurch wird eine spätere Eintrübung verhindert, jedoch werden
auch einige Aromen herausgefiltert.

Flaschen
Während große Destillerien ein eigenes Flaschendesign haben, ist
es für Privatpersonen einfacher, volle Flaschen zu beschaffen.
Neue leere Flaschen sind meistens nur als einfache, runde
Modelle mit Schraubverschluss erhältlich. Da das Auge
bekanntlich mittrinkt, wirkt der ganze Stolz langer Arbeit dann
plötzlich billig. Eine gute Alternative sind leere Whiskyflaschen,
sie sind günstig und gut. Gute Whiskys haben meistens einen
Korken als Verschluss, dieser kann austrocknen und verschließt
die Flasche dann nicht mehr dicht.
Um das zu verhindern, werden die leeren Flaschen einfach
verschlossen gelagert, dürfen dafür aber vorher nicht ausgespült
werden. Der Restalkohol verhindert die Schimmelbildung und der
Korken bleibt feucht. So verbleibt aber auch ein Restaroma in der
Flasche. Deshalb muss vor der Wiederbefüllung die Flasche

mehrmals ausgespült und dann 2–4 Wochen offen gelagert werden. Flaschen, in denen getorfter Whisky war, werden etwas länger offen gelagert.

Wenn genügend leere Flaschen zur Verfügung stehen, kann die Form auch dem Inhalt angepasst werden. Eine dünne Flasche suggeriert einen anderen Inhalt als eine bauchige Flasche.

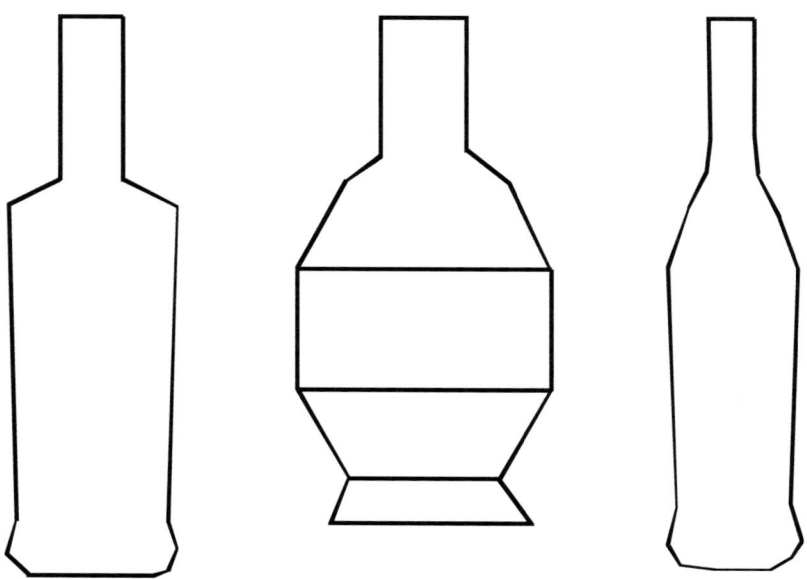

Abbildung 7: Kräftig, leicht – welche Flasche passt am besten?

Etiketten

Bei einem guten Whisky und einer schönen Flasche fehlt jetzt nur noch ein Etikett. Wer keinen PC hat, kann vorgefertigte Etiketten kaufen und beschriften oder selbst ein Etikett malen. Seinem eigenen Whisky sollte man sein eigenes Etikett gönnen. Hier sind der Kreativität keine Grenzen gesetzt. Hilfreich ist ein Mal- oder Präsentationsprogramm. Das ausgedruckte Etikett kann ausgeschnitten und mit einem Klebestift auf die Flasche geklebt werden.

Single Cask Malt Whisky

Dirk **G**asser

Destilled Januar 2011

Bottled Februar 2012

Aged in Micro Port Cask

43 Vol%

Abbildung 8: Etikett

Auf dem Etikett sollten folgende Dinge aus eigenem Interesse vermerkt sein:
- verwendetes Korn
- Brenndatum (bzw. -zeitraum)
- Lagerzeitraum bzw. Abfülldatum
- Lagerort
- Datum der Flaschenabfüllung

Dies wird zum Beispiel von dem Abfüller Wilson & Morgan gerne gemacht.

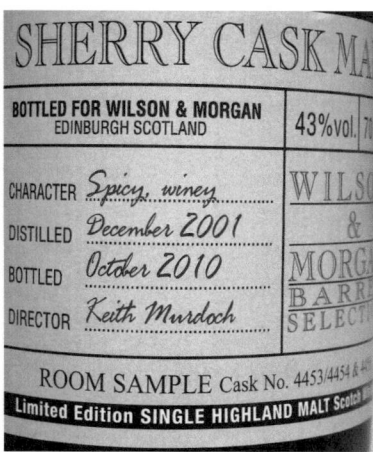

Das Etikett lässt sich mit Grafiken aus dem Internet optisch aufwerten.

Bei privaten Etiketten wird oft ein Rahmen verwendet, das wirkt je nach Rahmen aber mehr nach Marmelade als nach Whisky. Wer einen Rahmen, um das Etikett machen möchte, sollte sich vorher die Etiketten von Highland Park (einfacher Rahmen), Glenfiddich (komplexer Rahmen) und Jack Daniels (Teilrahmen) ansehen.

9. Verkosten

9.1. Gläser

Normale kleine Schnapsgläser, die gerade
nur die übliche Menge von 2 cl
aufnehmen können, sind ungeeignet. In
ihnen können sich die Aromen nicht
ausbreiten.

Tumbler eignen sich nur bedingt. Die
Aromen können sich zwar ausbreiten,
aber auch verflüchtigen. Außerdem
wirken diese Gläser etwas wuchtig und
erinnern an Bars und den Wilden Westen.

Noising-Gläser haben fast die
optimale Form. Die Aromen können
sich entfalten und werden trotzdem
im Glas gehalten.

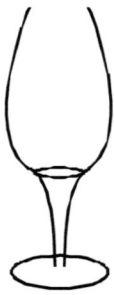

Snifter sind das Optimum für eine
Whiskyverkostung. In Ergänzung
zum Noising-Glas gehen sie am Rand
wieder etwas auseinander, sodass der
Whisky beim Trinken breit über alle
Geschmacksnerven der Zunge läuft.

Zu diesen vier Glastypen gesellen sich noch weitere unzählige Varianten. Teilweise verkaufen Destillerien ihre eigenen Gläser. Diese ähneln oft einer Mischung aus Tumbler und Snifter.

9.2.   Probieren

Zum richtigen Probieren wird schon eine normale Menge von 2 cl Whisky benötigt. Zuerst wird am Whisky gerochen, aber nicht wie ein Hund bei der Spurensuche, sondern durch langsames Einatmen durch die Nase. Schauen sie vorher in den Spiegel. Sind beide Nasenlöcher gleich groß? Bei unterschiedlichen Nasenlöchern empfiehlt es sich, mal mehr links, mal mehr rechts zu riechen.

Nach der Geruchsprobe kommt die Geschmacksprobe. Hierzu wird ein guter Schluck benötigt. Eine befeuchtete Zungenspitze reicht nicht aus. Die Geschmacksrezeptoren liegen hauptsächlich am Rand der Zunge. Es bringt daher wenig, nur einen kleinen Tropfen über die Zungenmitte fließen zu lassen. Der Whisky wird einige Sekunden im Mund gehalten und über die ganze Zunge verteilt, erst dann wird er geschluckt. Dabei ist zu beachten, dass der erste Schluck am Abend immer scharf schmeckt.

Das leere Glas können Sie einmal zum Test über Nacht stehen lassen, ohne es auszuspülen. Am nächsten Morgen können Sie wieder daran riechen. Es riecht immer noch nach Whisky, bei einem guten Whisky jedenfalls.

Es gibt wenige Menschen, die einen auf dem Klavier gespielten Ton auf Anhieb erkennen. Die meisten musikalisch begabten Menschen brauchen dafür zuerst einen Ton zum Vergleichen, bevor sie die anderen Töne erkennen können.
Mir geht es genau so mit Whiskys. Ein durchschnittlicher Blend, zum Beispiel ein Dimple, wirkt auf mich erst dann weniger gut, wenn ich zum Vergleich einen richtigen Single Malt trinke.

Um bei der Herstellung der eigenen Whiskys besser zu werden, ist es also erforderlich, diese gegeneinander zu vergleichen. Ich habe beispielsweise einen Whisky mit Brennhefe hergestellt. Er schmeckte wie vorhersehbar weniger aromareich, aber erst der Vergleich mit einer normalen Probe aus obergäriger Bierhefe hat dann das wahre Ausmaß des geschmacklichen Untergangs zutage gefördert.

Zur geschmacklichen Beurteilung eines Whiskys ist es hilfreich, seine Eindrücke auch in Worte fassen zu können. Hier sind ein paar aromatische Begriffe, die hilfreich bei der Beschreibung sind:

- malzig
- süß
- Karamell
- Kokosnuss
- Honig
- Zitrusnoten
- Rauch
- Orangen
- Sherry
- Ahornsirup
- voll

- tief
- nussig
- Kakao
- Vanille
- Zimt
- Muskatnuss
- Ingwer
- Pfirsich
- Mandeln

Die Liste ließe sich noch lange weiterführen.

10. Hobby-Whisky Spezial

Der Herstellungsprozess, wie ihn gewerbliche Brennereien auch durchführen, ist nun beschrieben. Der Hobbyist kann aber einige Dinge anders machen, um sich das Leben zu erleichtern.

10.1. Maische ansäuern

Wie bei Obstmaischen kann die Würze auf einen pH-Wert von 3,5 angesäuert werden. Dadurch wird sie gegen Infektionen mit Bakterien geschützt. Da es mitunter recht lange dauern kann, bis die Würze mit einer Mini-Destille gebrannt ist, ist das von großem Vorteil. Der pH-Wert wird mit Indikatorpapier gemessen.
Zum Ansäuern lässt sich Milchsäure, Zitronensäure oder Biogen M, eine Kombination aus Fruchtsäuren, verwenden. Milchsäure beeinflusst den Geschmack des Brandes, er wird schärfer.
Zitronensäure ist einfach im Supermarkt zu beschaffen, baut sich aber mit der Zeit ab, sodass der pH-Wert alle 2–3 Tage kontrolliert werden muss.
Biogen M ist das Mittel der Wahl.

In Amerika wird die Würze teilweise auch angesäuert, jedoch mit einem Teil alter Destillationsrückstände. Dieses Verfahren wird als >Sour Mash< bezeichnet.

10.2. Doppelvergärung

Der Hobbyist muss zum Erdaushub einen Löffel nehmen, um bei dem Bild aus dem Vorwort zu bleiben, dieser Löffel lässt sich etwas vergrößern.

Bei der Verwendung von Mini-Destillen ist aufgrund der geringen Menge Würze, die gebrannt werden kann, die Alkoholausbeute sehr gering. Um den Alkoholgehalt und somit die Ausbeute zu erhöhen, wird nach der Hauptgärung mit obergäriger Bierhefe eine zweite Gärung mit Wein- oder Turbo-Hefe angestoßen. Dabei wird der Würze noch Zucker hinzugefügt, um weiteren Alkohol erzeugen zu können.
Es sind aber zwei Dinge zu beachten. Wein- und Turbo-Hefe arbeiten am besten bei einem pH-Wert von 3,5 – also im sauren Bereich –, und Hefe startet die Gärung nicht, wenn bereits Alkohol vorhanden ist.

Die Turbo-Hefe muss vor der Zugabe auf das gleiche Alkoholniveau wie die Würze gebracht werden. Hierzu werden in 100 ml Wasser 14 g Zucker (ca. 2 Teelöffel) aufgelöst und die Hefe zugegeben.
Auch dieser kleine Ansatz muss auf pH 3,5 gebracht werden, das geht am besten mit einer Pipette, da nur sehr wenig Säure benötigt wird. Das Ganze wird beim Abklingen der Hauptgärung der Würze angesetzt. Wenn die Würze ihre Hauptgärung beendet hat, wird die angesetzte Turbo-Hefe eingerührt und je Liter Würze 100 g Zucker zugeführt.
Nach ca. 3–4 Tagen können dann noch mal 140 g Zucker je Liter Würze zugeführt werden.

Je höher der Alkoholgehalt ist, umso langsamer arbeitet die Hefe, bis sie schließlich abstirbt. Die erste Gärung bis ca. 8 % geht also deutlich schneller als jetzt die zweite Gärung bis max. 20 %. Hierbei müssen ca. 2–4 Wochen einkalkuliert werden.

Mit der Gärungsformel lässt sich die Erhöhung des Alkoholgehaltes ausrechnen, der mit der Zuckerzugabe erreicht werden kann. Aus 240 g Zucker entstehen 122 g Ethanol, das macht bei einer Dichte von 0,79 g/cm^3 = 155 ml. Somit werden aus ursprünglich 1.000 ml durch die 240 g Zucker nun 1.155 ml, wovon 155 ml zusätzlicher Alkohol sind. Der Alkoholgehalt erhöht sich somit um ca. 13 Vol.-%.

Brennen nach der Doppelvergärung

Die hochprozentige Würze hat den Vorteil, dass sie nur einmal gebrannt werden muss, vorausgesetzt, es wurden 18 bis 20 Vol.-% erreicht. Auch hier kann die Bierspindel Auskunft über den Grad der Vergärung geben. Das einfache Brennen schont einige Aromen mit niedrigem Siedepunkt und spart Arbeit.
Durch den hohen Alkoholgehalt schäumt die Würze weniger, es muss aber trotzdem noch mit einem Überschäumen gerechnet werden.
Gebrannt wird die Würze wie ein Feinbrand, alles, was unterhalb von 81 °C aus dem Kühler läuft, wird als Vorlauf abgetrennt. Ab 88 °C oder 65 Vol.-% muss wieder der Nachlauf erschnüffelt oder erschmeckt werden.

Wenn der Nachlauf beginnt, ist immer noch ein höherer Alkoholgehalt im Kessel als in einer Würze nach einer Vergärung mit Bierhefe. Der Nachlauf wird weiter destilliert wie ein Rohbrand.
Der Geschmack eines doppelt vergärten und einfach gebrannten Destillats unterscheidet sich an dieser Stelle erheblich von einem doppelt gebrannten nach traditioneller Methode.

Nun wird der Nachlauf noch mal als Feinbrand destilliert. Das Ergebnis ist sehr kräftig, aber auch leicht fuselig. Danach kommt der schwierigste Teil, das Mischen der beiden Destillate.
Die Malzaromen haben einen hohen Siedepunkt. Bei einer einfachen Destillation werden keine hohen Temperaturen erreicht, die Destillation endet bereits bei ca. 88 °C. Bei einer doppelten Destillation werden durch die hohen Temperaturen beim Rohbrand die Aromen konzentriert und können beim Feinbrand trotz niedriger Temperaturen ins Destillat übergehen.

Wie bei der Verkostung beschrieben, können zur Veranschaulichung ein leer getrunkenes Glas, in dem Whisky war, und eines, in dem ein Obstbrand (am besten Williams Birne) war, über Nacht stehen gelassen werden. Am nächsten Morgen wird an beiden Gläsern gerochen. Die schweren Aromen des Whiskys, die erst bei hohen Temperaturen in das Destillat übergehen, sind deutlich stärker vorhanden als die Aromen des Obstbrandes. Darum hat die einfache Destillation mit einer aufgezuckerten Maische so ihre Tücken.

Bei einer doppelten Gärung besteht nun die Kunst darin, die richtige Mischung von Fusel und Aromen beim Mischen vom ersten und zweiten Brand herzustellen. Den Geschmack nur durch den Zeitpunkt der Nachlaufabtrennung zu bestimmen ist deutlich einfacher.

Die Destillate aus beiden Methoden sollten gegeneinander verglichen werden, bevor die Entscheidung für oder gegen eine doppelte Gärung als Methode getroffen wird.

Alle, die einen Whisky nach dem original schottischen Prinzip herstellen möchten, und auf jeden Fall auch alle, die ihre ersten Brennversuche machen, sollten mit nur einer Gärung beginnen.

10.3. Resteverwertung

Der Nachlauf aus den Feinbränden kann mit Aktivkohle gereinigt werden. Dazu wird entweder einfach Aktivkohle in das Destillat gegeben und einige Tage stehen gelassen oder Aktivkohle wird in einen Kaffeefilter gegeben und das Destillat dadurch gefiltert. So entsteht geschmacksneutraler Alkohol, jedoch mit nur 30–35 Vol.-%. Dieser Alkohol eignet sich gut zum Herstellen von Geisten. Bei einem Geist werden, im Gegensatz zu einem Brand, die Aromen aus den Früchten mit zugegebenem Alkohol entzogen.

Himbeergeist

Himbeeren gibt es zu jeder Jahreszeit in der Tiefkühltheke im Supermarkt. Es werden so viele Himbeeren in den Alkohol gegeben, bis diese gerade noch alle mit Alkohol bedeckt sind. Dann werden die in Alkohol eingelegten Beeren zwei Wochen stehen gelassen und anschließend gebrannt. Dabei kommt der Nachlauf etwas später, erst ca. bei 91 °C.

Ouzo

Der Alkohol wird zusammen mit Anis in den Brennkessel gegeben. Bei einer Kolonnenbrennerei kann der Anis auch in den Aromabereich, also Dampfbereich, gegeben werden. Für 0,5 l reichen 5 bis 10 g Anis. Das Ganze wird dann wieder gebrannt. Richtiger Ouzo wird zwar mit Wein als Basis gebrannt, aber der Anis ist so extrem dominant, dass die Alkoholbasis kaum ins Gewicht fällt.

Da hier mit Aktivkohle gereinigtem Alkohol gearbeitet wird, entsteht ein sehr milder Ouzo, kein Rachenputzer.

10.4. Aromatisieren

Aromatisieren ist nichts für Puristen. Ich selbst habe es nur für Versuchszwecke gemacht. Der Whisky lebt von seiner Aromenvielfalt, nicht von einem dominanten Aroma, daher erfolgen alle Aromazugaben in homöopathischen Dosierungen.

Ahornsirup

Mit ein paar Tropfen Ahornsirup erscheint der Whisky malziger, weicher und runder. Ahornsirup wird auch in seltenen Fällen bei der Beschreibung von Whiskys erwähnt, meistens im Zusammenhang mit der Geschmacksnote Karamell.

Vanille

Mit den Holzspänen muss man schon sparsam umgehen, mit Vanille noch mehr. Hier genügt auf eine Flasche ein kleinstes Stück Vanilleschote. Vanillearoma wird recht häufig bei der Beschreibung von Whiskys erwähnt.

Honig

Honig besteht zu 80 % aus Zucker, damit ist er ideal, um dem Whisky auch Süße zu verleihen, wie ein Sherryfass. Auch hier sind 1 bis 2 ml auf 0,5 Liter Whisky ausreichend, schließlich soll der Honig später nicht primär herausgeschmeckt werden.

Es gibt noch diverse andere Aromastoffe, wie Ingwer, Pfirsich, Orangen und was noch so alles bei einer Geschmacksbeschreibung eines Whiskys benutzt wird, aber die Gefahr, das mühevoll erzeugte Destillat zu zerstören, ist groß. Ich selbst habe daher keine weiteren Zutaten ausprobiert. Wer jedoch das Hobby über Jahrzehnte betreibt, bekommt vielleicht eines Tages Lust auf ein paar neue Experimente.

10.5. Mini-Maische

Für das Brauen von 8 Liter Maische müssen 4–5 Stunden Arbeitszeit einkalkuliert werden. Diese Zeit verkürzt sich kaum, wenn kleinere Mengen verarbeitet werden. Um nicht für jeden Versuch mit 8 Litern vor einer 0,5-l-Destille zu stehen, kann auch mit 15 Minuten Arbeit eine 1-Liter-Maische hergestellt werden.

Dazu wird eine möglichst große Thermoskanne benötigt. Diese wird zunächst mit kochendem Wasser befüllt, damit sie sich aufwärmt. Dann wird Wasser auf 78 °C erwärmt, und zwar wieder im Verhältnis 1:3, also z. B. 1,5 l für 500 g Malzschrot. Dafür ist eine 2-Liter-Thermoskanne ausreichend. Das Wasser wird in die vorgewärmte Kanne zusammen mit dem Malz gegeben und über Nacht stehen gelassen. Wer noch Zeit hat, bevor er ins Bett geht, sollte die Maische noch 2- bis 3-mal umrühren.

Am nächsten Morgen kann die Maische dann geläutert und mit Hefe angesetzt werden. Ein Vorteil dieser Methode ist auch, dass nicht die ganze Wohnung nach einer Brauerei riecht. Ein kleiner Nachteil ist allerdings der größere Verbrauch an Hefe.

Um die Hefe etwas besser zu nutzen, kann die Mini-Maische an zwei aufeinanderfolgenden Abenden hergestellt und die zweite Würze zu der ersten, die bereits gärt, dazugegeben werden.

Die Verzuckerungsergebnisse sind zwar nicht so gut wie bei einer genauen Einhaltung der Rastzeiten und Temperaturen, aber die Ergebnisse sind brauchbar. Amylase sorgt auch im menschlichen Körper für die Spaltung von Stärke. Dort herrschen keine 62 oder 72 °C, d. h., die Amylase hat zwar Temperaturen, bei denen sie besonders gut arbeitet, aber auch ober- und unterhalb dieser Temperatur ist sie nicht untätig.

Da die Mini-Maische mehrere Stunden steht, ist die Verzuckerung auch bei leichter Verfehlung der genauen Temperaturen ausreichend.

10.6.   *Destillieren ohne Thermometer*

Destillieren ohne Thermometer ist wie Kochen, ohne in den Topf schauen zu dürfen. Eigentlich ist es ein No-Go und für Obstmaischen wirklich undenkbar, aber nicht alle Mini-Destillen sind mit Thermometer lieferbar.

Beim Aufheizen wird mit der Hand die Temperatur am Rohr kurz vor dem Kühler gefühlt. Wenn es so heiß wird, dass man es nicht mehr anfassen kann, kommen sehr bald die ersten Tropfen, die Heizleistung muss dann wie beschrieben reduziert werden.

Die ersten 2–4 Tropfen werden als Vorlauf abgetrennt, dann wird wie beschrieben weiter destilliert. Die Alkoholkonzentration muss jetzt häufiger kontrolliert werden.

Beim Raubrand kann bei ca. 15 Vol.-% die Destillation beendet werden. Beim Feinbrand wird ab ca. 66 Vol.-% der Nachlauf erschnüffelt. Es wird also mindestens ein Refraktometer benötigt.

Achtung: Dieses Verfahren ist nicht risikofrei, Acetaldehyd zum Beispiel ist, wie bereits erwähnt, ein Zwischenprodukt der alkoholischen Gärung und folglich immer in geringen Mengen vorhanden. Wenn man durch eine schlechte oder alte Hefe ungewollt etwas mehr davon in der Würze hat, lässt sich das ohne Thermometer nicht abtrennen.

Das Verfahren kann nicht auf Obstmaischen oder hochprozentige Würzen übertragen werden! In beiden Fällen geht ohne Thermometer nichts.

Ich persönlich möchte dringend von Destillen ohne Thermometer abraten, besonders für Anfänger. Niemand, der das erste Mal auf ein Fahrrad steigt, probiert gleich, freihändig zu fahren.

11. Einstieg ins Hobby

Kein Neuling, der mit dem Golfspielen anfängt, kauft sich eine komplette Ausrüstung und geht auf den Golfplatz. Jeder Anfänger muss zuerst auf der Driving Range die Platzreife erlangen und wird mit einer Minimalausstattung beginnen.

Unsere Minimalausstattung sieht wie folgt aus:
- Destille mit Thermometer und Heizplatte/Brenner
- Alkohol-Refraktometer
- Bierspindel
- Messzylinder aus Glas
- Antischaummittel
- ggf. Mini-Pumpe für Kühlwasserkreislauf

Zur Erlangung der Platzreife werden noch drei Flaschen Pils benötigt, die leider nicht getrunken werden. Zuerst wird eine Flasche Bier wie beschrieben destilliert. Pils hat den Vorteil, dass es gefiltert ist und keine Feststoffe enthält. Somit muss der Kühler der Destille nicht demontiert und gereinigt werden, wenn es beim Brennen überschäumt. Wenn es überschäumt, muss die Heizleistung reduziert werden. Auf diese Weise bekommt man ein wenig Gefühl für die Temperaturregelung und das Schäumen.
Bei elektrischen Heizplatten besteht das Problem, dass diese nicht permanent heizen, sondern sich temperaturgeregelt an- und abschalten.

Danach folgt die zweite Flasche mit etwas Speiseöl als Antischaummittel und zum Schluss die dritte mit richtigem Antischaum.

Jetzt sind wir bereit für die erste eigene Maische.
Aus der Küche werden dazu noch folgende Dinge benötigt:
- zwei große Töpfe, 10 bis 20 l
- ein Nudelsieb
- ein Einweckthermometer bis 100 °C
- ein Wasserfilter
- leere Whiskyflasche

Als Verbrauchmaterial wird benötigt:
- geschrotetes Malz
- obergärige Bierhefe
- getoastete Amerikanische Eichenspäne

Damit steht dem ersten eigenen Whisky nichts mehr entgegen.

Jeder Brau- und Brennvorgang sollte dokumentiert werden, um
aus seinen Fehlern zu lernen und gute Ergebnisse wiederholen zu
können. Im Anhang sind hierzu Vorlagen für Protokolle enthalten.
Es muss jedoch bedacht werden, dass ein Ergebnis nie zu 100 %
wiederholbar ist, selbst die schottischen Destillerien müssen
einzelne Fässer gekonnt mischen, damit das Endprodukt für den
Kunden immer gleich ist.

Eine andere Startmöglichkeit ist es, erst mit einer Mini-Maische
zu beginnen und die Kunst des richtigen Brauens später zu
erlernen.

Als erste Lagerung empfehle ich:
- Amerikanische Eichenspäne erst eine Woche in Wodka (um einen Holzton zu vermeiden), dann zwei Tage in Sherry einlegen
- Destillat auf 65 Vol.-% verdünnen und mit Spänen zwei Wochen offen und kühl (16–18 °C) lagern
- Destillat zwei Wochen warm und geschlossen lagern
- Späne entfernen, auf 60 Vol.-% verdünnen und vier Wochen kalt und offen lagern
- Destillat zwei Wochen warm und geschlossen lagern
- Destillat nach Belieben weiter kalt und offen lagern

Langsam steigern

Wenn Sie Spaß an dem Hobby gefunden haben, können Sie nun technisch etwas aufrüsten.

Dazu bieten sich folgende Dinge an:
- ein Einkocher mit Temperatur- und Zeitsteuerung
- eine Getreidemühle oder Malzmühle
- ein Gärfass mit Gärspund
- eine Alkoholspindel mit Thermometer
- ein Eichenfass

Bei der Herstellung des eigenen Whiskys kann nun experimentiert werden. Die Getreideauswahl kann variiert werden, es kann die Gärung bei hohen oder niedrigen Temperaturen gestartet werden, das Holzfass oder die Holzspäne können mit diversen Aromaspendern vorbehandelt werden.

Wenn Sie sich an einem Bourbon versuchen, denken Sie daran, dass der geschrotete Mais in kochendes Wasser eingerührt werden muss.

Ihr eigener Whisky sollte Ihren eigenen Stil haben. Versuchen Sie nicht, ein vermeintliches schottisches Geschmacksideal zu kopieren. Bei den Schotten bestimmt die Lagerung zum Großteil den Geschmack, bei einem 3 Monate alten Malzbrand ist auch die Herstellung entscheidend.

Mischen

Die eigenen Whiskys können selbstverständlich auch gemischt werden. In einer Destillerie ist der Blend Master der wichtigste Mann. Mit einem Whisky aus sehr torfigem Malz lässt sich sehr gut eine dezente rauchige Note in andere Whiskys bringen, etwas Bourbon kann die Aromenvielfalt und somit Komplexität erhöhen. Erlaubt ist, was gefällt. Es gibt in Schottland einige unabhängige Abfüller, die nichts anderes tun, als Whisky aus verschiedenen Destillerien zu mischen oder nachzulagern.

Das erste eigene Fass

Das erste eigene Fass mit selbst gebranntem Whisky zu füllen ist ein längeres Projekt. Bereits für ein 1-Liter-Fass werden drei Maischen mit je 12 Liter Wasser und 4 kg Malzschrot benötigt. Beim Brennen mit einer 0,5-Liter-Destille müssen da schon mal zwei oder auch mehr Monate einkalkuliert werden.
Bei der Herstellung ist zu beachten, dass keine Destillate mit Fehlern verwendet werden, unter der Annahme, dass dies bei der großen Menge nicht ins Gewicht fällt. Wenn beispielsweise einmal doch etwas zu viel Hefe beim letzten Brand aus einer Würze mit in die Destille geraten und dies beim Raubrand auch zu schmecken ist, gehört der Teil entsorgt.

Das Fass sollte vor Gebrauch genau ausgemessen werden, denn das echte Volumen kann ganz erheblich von der angesagten Größe abweichen. Die Vorbereitung des Fasses kann parallel zur Herstellung des Whiskys gestartet werden, denn auch dies benötigt viel Zeit.
Bei der Vorbereitung sollte ebenfalls der Verlust im Fass gemessen werden, so lässt sich später die mögliche Lagerzeit schätzen.

Rechnen wir dazu ein Beispiel:
Ein 1-Liter-Fass fasst echte 1.200 ml und hat in einem Monat 90 ml Verlust. Wir füllen den Whisky unverdünnt mit 78 Vol.-% in das Fass.
Als untere Grenze für die zweite Phase der Lagerung rechnen wir mit 65 Vol.-%. Bei 65 Vol.-% sind in 1.200 ml Destillat 780 ml Alkohol, das sind bezogen auf die ursprünglichen 78 Vol.-% also 780 / 78 * 100 = 1.000 ml des ursprünglichen Destillats. Somit können wir 1.200 – 1.000 = 200 ml Wasser nachfüllen, bis 65 Vol.-% erreicht sind. Die Lagerzeit kann so um 200 / 90 ≈ 2 Monate verlängert werden.
Wenn wir jetzt eine weitere Lagerung bis auf 2/3 des Fassinhaltes ins Auge fassen, also einen Verlust von 400 ml akzeptieren, könnte so insgesamt eine Lagerzeit von 6 bis 7 Monaten erreicht werden.

Auf jeden Fall ist diese Berechnung nur ein Schätzwert. Der Alkoholgehalt muss mit dem Refraktormeter während der Lagerung kontrolliert werden. Dabei ist zu beachten, dass das Refraktormeter aufgrund der Braunfärbung nicht exakt arbeiten kann. Nach meiner Erfahrung zeigt es ein paar Prozente zu viel an. Daher sollte zwischendurch der Alkoholgehalt mit einer Spindel kontrolliert werden.
Dieses Beispiel ist nicht völlig aus der Luft gegriffen. Bei einem ungewachsten Fass aus Europäischer Eiche in einem trockenen warmen Neubaukeller sind diese Werte realistisch.

12. Nachwort

Whisky brenne ich schon seit einiger Zeit selbst, aber für dieses Buch habe ich einige Sachen das erste Mal ausprobiert. Einige Dinge haben mich dabei überrascht.

Besonders negativ ist mir das nutzlose geleimte Mini-Fass aufgestoßen.

Besonders interessant fand ich, dass Bourbon erst mit stark nachgeröstetem Holz wirklich nach Bourbon schmeckt.

Verwundert hat mich, dass in einem sehr erfolgreichen Buch über die Whiskys dieser Welt die Beschreibung des Herstellungsprozesses wirklich derbe Fehler enthält.

Froh war ich, dass mich niemand im tiefsten Winter mit dem Torf am Grill gesehen hat. Das hätte ich kaum einem Nachbarn erklären können.

Besonders gereizt hat es mich, ein Buch über Whisky zu schreiben, in dem mal nichts von der Geschichte des Whiskys steht.

Erspart habe ich Ihnen auch das „e", das auch in jedem Buch über Whisky erläutert wird, die Amerikaner mögen mir das verzeihen.

Ich hoffe, dass Ihnen das Buch beim Lesen so viel Spaß gemacht hat wie mir beim Schreiben und dass Sie durch das Buch beim Whiskyherstellen schneller zum Erfolg kommen als ich, denn das ist der Sinn dieses Buches.

13. Rezepte

13.1. Klassischer Whisky

Malz	4 kg Gerstenmalz, Wiener Art		
Wasser	12 Liter Wasser, gefiltert		
Einmaischen	Einmaischen	50 °C	bis klumpenfrei
	(wieder) Aufheizen		
	Eiweißrast	50 °C	30 Minuten
	Aufheizen		
	Maltoserast	62 °C	60 Minuten
	Aufheizen		
	Verzuckerungsrast	72 °C	30 Minuten
	Aufheizen	78 °C	1 Minute halten
Erwartung	Ca. 8,5 Liter Würze mit ca. 21 % Stammwürze		
Gärung	Obergärige Bierhefe, in der Tasse mit 100 ml Zuckerwasser aktivieren, bei 25 °C zur Würze geben Die Gärung sollte 3–4 Tage dauern		
Erwartung	3–4 % Reststammwürze		
Rohbrand	Standard, bis 98 °C (ca. 18–20 Brennvorgänge)		
Erwartung	Insgesamt ca. 1.400–1.600 ml mit ca. 38 Vol.-%		
Feinbrand	Standard, ab 88 °C (65 Vol.-%) Nachlauf erschnüffeln (ca. 3–4 Brennvorgänge)		
Erwartung	Ca. 450 ml mit ca. 78 Vol.-%		
Lagerung	Destillat auf 65 Vol.-% verdünnen und 0,5 g Eichechips (vorher in Sherry eingelegt) dazugeben. Flasche mit Baumwollwatte „verschließen" und je nach Geduld 3–6 Monate lagern, mindestens bis 55 Vol.-%.		
Abfüllen	Eichechips abfiltern, Destillat auf 43 Vol.-% verdünnen, 4 Wochen verschlossen lagern, dann noch mal durch Kaffeefilter filtrieren.		

13.2. Rauchiger Whisky

Malz	2,5 kg Gerstenmalz, Wiener Art 2 kg Weizenmalz, selber gemälzt und über Torfrauch getrocknet
…	weiter wie klassischer Whisky

13.3.   Mein erster Whisky

Malz	1 kg Gerstenmalz, Wiener Art
Wasser	3 Liter Wasser, gefiltert
1. Einmaischen	1,5 Liter Wasser auf 78 °C erhitzen und mit 0,5 kg in vorgewärmte Thermoskanne geben, über Nacht stehen lassen.
Gärung	Obergärige Bierhefe, in der Tasse mit 50 ml Zuckerwasser aktivieren, bei 25 °C zur Würze geben Die Gärung sollte 3–4 Tage dauern
2. Einmaischen	1,5 Liter Wasser auf 78 °C erhitzen und mit 0,5 kg in vorgewärmte Thermoskanne geben, über Nacht stehen lassen
Erwartung	Insgesamt ca. 2 Liter Würze mit ca. 20 % Stammwürze
Gärung	Zur gärenden Würze dazugeben
Erwartung	3–4 % Reststammwürze
Rohbrand	Standard, bis 98 °C (ca. 4–5 Brennvorgänge)
Erwartung	Insgesamt ca. 300 ml mit ca. 38 Vol.-%
Feinbrand	Standard, ab 88 °C (65 Vol.-%) Nachlauf erschnüffeln (1 Brennvorgang)
Erwartung	Ca. 90 ml mit ca. 78 Vol.-%
Lagerung	Wie in Kapitel 11 beschrieben.
Abfüllen	Eichechips abfiltern, Destillat auf 43 Vol.-% verdünnen, 4 Wochen verschlossen lagern, dann noch mal durch Kaffeefilter filtrieren.

13.4. Bourbon

Korn	4 kg Mais (ggf. Popcorn-Mais)		
Malz	1 kg Gerstenmalz, Wiener Art		
Wasser	12 Liter Wasser, gefiltert		
Einmaischen	Wasser erhitzen	100 °C	Ca. 70 % des gesamten Wassers
		100 °C	Geschroteten Mais einrühren
	Stärke-Aufschluss	100 °C	5 Minuten
	Stärke-Aufschluss	90 °C	30 Minuten
	Abkühlen		Restliche 30 % des Wassers kalt zufügen
		62 °C	Malz einrühren
	Maltoserast	62 °C	70 Minuten
	Abkühlen		
	Eiweißrast	50 °C	20 Minuten
Erwartung	Ca. 8,5 Liter Würze mit ca. 16 % Stammwürze		
Aufzuckern	Auf 20 % Stammwürze aufzuckern, 10 g je Liter pro 1 %		
Gärung	Obergärige Bierhefe, in der Tasse mit 100 ml Zuckerwasser aktivieren, bei 25 °C zur Würze geben Die Gärung sollte 3–4 Tage dauern		
Erwartung	3–4 % Reststammwürze		
Rohbrand	Standard, bis 98 °C (ca. 18–20 Brennvorgänge)		
Erwartung	Insgesamt ca. 1.400–1.600 ml mit ca. 38 Vol.-%		
Feinbrand	Standard, ab 88 °C (65 Vol.-%) Nachlauf erschnüffeln, zuerst kommt Popcorn-Aroma, dann Nachlaufgeruch, erst bei Nachlaufgeruch abtrennen (ca. 3–4 Brennvorgänge)		
Erwartung	Ca. 450 ml mit ca. 78 Vol.-%		
Lagerung	Destillat auf 65 Vol.-% verdünnen, 0,5 g Eichechips mit Gasbrenner (Feuerzeug reicht nicht) kurz stark erhitzen, dann ablöschen und dazugeben. Flasche fest verschließen und zwei Wochen warm stellen (z. B. Heizung im Winter), dann Chips entfernen und Flasche mit Baumwollwatte „verschließen", kühl lagern Je nach Geduld 3–6 Monate lagern, bis mindesten 55 Vol.-%		
Abfüllen	Siehe klassischer Whisky		

13.5.   Whisky für Mischgetränke

Malz	4 kg Gerstenmalz, Wiener Art		
Wasser	12 Liter Wasser, gefiltert		
Einmaischen	Einmaischen	50 °C	bis klumpenfrei
	(wieder) Aufheizen		
	Eiweißrast	50 °C	30 Minuten
	Aufheizen		
	Maltoserast	62 °C	60 Minuten
	Aufheizen		
	Verzuckerungsrast	72 °C	30 Minuten
	Aufheizen	78 °C	1 Minute halten
Erwartung	Ca. 8,5 Liter Würze mit ca. 21 % Stammwürze		
1. Gärung	Würze auf pH 3,5 ansäuern Obergärige Bierhefe, in der Tasse mit 100 ml Zuckerwasser aktivieren, bei 25 °C zur Würze geben Die Gärung sollte 3–4 Tage dauern		
2. Gärung	Nach 2 Tagen Turbo-Hefe 100 ml Wasser (+ Säure pH 3,5) mit 14 g Zucker (ca. 2 Teelöffel) auflösen und die Hefe zugegeben, einen Tag stehen lassen, dann in die Würze geben und je Liter Würze 100 g Zucker zuführen. Nach ca. 3–4 Tagen kann dann noch mal 140 g Zucker je Liter Würze zugeführt werden. Die Gärung sollte 2–4 Wochen dauern.		
Erwartung	3–4 % Reststammwürze		
Fein- /Rohbrand	Ab 88 °C (65 Vol.-%) Nachlauf erschnüffeln, dann Nachlauf abtrennen und bis 98 °C weiter destillieren		
Erwartung	Ca. 30–40 ml Feinbrand mit ca. 70 Vol.-% + 70–90 ml Nachlauf mit ca. 38 Vol.-% je Brennvorgang		
Feinbrand	Standard, ab 88 °C (65 Vol.-%) Nachlauf erschnüffeln		
Erwartung	Insgesamt ca. 1.200 ml mit ca. 75 Vol.-%		
Lagerung	Destillat auf 65 Vol.-% verdünnen und 1 g Eichechips (vorher in Sherry eingelegt) dazugeben. Flasche mit Baumwollwatte „verschließen" Je nach Geduld 3 Monate lagern		
Abfüllen	Eichechips abfiltern, Destillat auf 43 Vol.-% verdünnen, 4 Wochen verschlossen lagern, dann noch mal durch Kaffeefilter filtrieren.		

13.6. *Weicher Whisky*

Malz	4 kg Gerstenmalz, Wiener Art		
Wasser	12 Liter Wasser, gefiltert		
Einmaischen	Einmaischen	50 °C	bis klumpenfrei
	(wieder) Aufheizen		
	Eiweißrast	50 °C	30 Minuten
	Aufheizen		
	Maltoserast	62 °C	60 Minuten
	Aufheizen		
	Verzuckerungsrast	72 °C	30 Minuten
	Aufheizen	78 °C	1 Minute halten
Erwartung	Ca. 8,5 Liter Würze mit ca. 21 % Stammwürze		
Gärung	Obergärige Bierhefe, in der Tasse mit 100 ml Zuckerwasser aktivieren, bei **20 °C** zur Würze geben Die Gärung sollte 3–4 Tage dauern		
Erwartung	3–4 % Reststammwürze		
Rohbrand	Standard, bis 98 °C (ca. 18–20 Brennvorgänge)		
Erwartung	Insgesamt ca. 1.400–1.600 ml mit ca. 38 Vol.-%		
Filtern	Je 500 ml Rohbrand mit 2 Teelöffeln Aktivkohle filtern		
Feinbrand	Standard, ab 88 °C (65 Vol.-%) Nachlauf erschnüffeln (ca. 3–4 Brennvorgänge)		
Erwartung	Ca. 450 ml mit ca. 78 Vol.-%		
Lagerung	Destillat auf **60 Vol.-%** verdünnen und 0,5 g Eichechips (vorher in Sherry eingelegt) dazugeben. Flasche mit Baumwollwatte „verschließen" Je nach Geduld 3–6 Monate lagern, bis mindestens 55 Vol.-%		
Abfüllen	Eichechips abfiltern, Destillat auf **42 Vol.-%** verdünnen, 4 Wochen verschlossen lagern, dann noch mal durch Kaffeefilter filtrieren.		

13.7.   *Flavoured Whisky*

Malz	3 kg Gerstenmalz, Münchener Art 1 kg Karamellmalz			
Wasser	12 Liter Wasser, gefiltert			
Einmaischen	Einmaischen	50 °C	bis klumpenfrei	
	(wieder) Aufheizen			
	Eiweißrast	50 °C	30 Minuten	
	Aufheizen			
	Maltoserast	62 °C	60 Minuten	
	Aufheizen			
	Verzuckerungsrast	72 °C	30 Minuten	
	Aufheizen	78 °C	1 Minute halten	
Erwartung	Ca. 8,5 Liter Würze mit ca. 20 % Stammwürze			
Gärung	Obergärige Bierhefe, in der Tasse mit 100 ml Zuckerwasser aktivieren, bei **20 °C** zur Würze geben Die Gärung sollte 3–4 Tage dauern			
Erwartung	3–4 % Reststammwürze			
Rohbrand	Standard, bis 98 °C (ca. 18–20 Brennvorgänge)			
Erwartung	Insgesamt ca. 1.400–1.600 ml mit ca. 38 Vol.-%			
Filtern	Je 500 ml Rohbrand mit 2 Teelöffeln Aktivkohle filtern			
Feinbrand	Standard, ab 88 °C (65 Vol.-%) Nachlauf erschnüffeln (ca. 3–4 Brennvorgänge)			
Erwartung	Ca. 450 ml mit ca. 78 Vol.-%			
Lagerung	Destillat auf 65 Vol.-% verdünnen und 0,5 g Eichechips (vorher in Sherry eingelegt), ein winziges Stück Vanille, 5 ml Ahornsirup und 3 ml Honig dazugeben. Flasche mit Baumwollwatte „verschließen" Je nach Geduld 3–6 Monate lagern			
Abfüllen	Eichechips abfiltern, Destillat auf 43 Vol.-% verdünnen, 4 Wochen verschlossen lagern, dann noch mal durch Kaffeefilter filtrieren.			

14. Anhang

14.1. Protokolle

Brauprotokoll			
Chargen-Nr.:	*001*		
Datum:	*20.02.2012*		
Malz 1:	*Wiener Gerstenmalz*	Menge in kg	*2*
Malz 2:	*Whiskymalz / stark getorft*	Menge in kg	*2*
Malz 3:	*--*	Menge in kg	*--*
Wasser:	*12 Liter*	gefiltert	□ Ja □ Nein
Brauverfahren:	*Standard, aufsteigen 50 - 62 - 72 °C*		
Menge der Würze:	*8,5 Liter*		
Stammwürze:	*22 %*		
Hefezugabe bei °C:	*28*		
Hefeart:	*Obergärige Bierhefe Safbrew T58*		
Datum/Uhrzeit der Hefezugabe:	*20.02.2012 / 18:30 Uhr*		
Start der Hauptgärung (ca.):	*21.02.2012 / 8:00 Uhr*		
Ende der Hauptgärung (ca.):	*24.02.2012 / 8:00 Uhr*		
Reststammwürze:	*6 %*		

Brennprotokoll / Raubrand				
Chargen-Nr. / Brennvorgang:	*001- 01*			
Datum:	*24.02.2012*			
Differenz Stammwürze	*16 %*	ca. Alkoholgehalt	*8 %*	
Erstes Destillat bei:	*86*	°C	*77*	Vol.-%
Dauer der Destillation:	*35 min*			
Ende der Destillation bei:	*98*	°C	*15*	Vol.-%
Menge des Destillats:	*80*	ml	*35*	Vol.-%

Brennprotokoll / Feinbrand				
Chargen-Nr. / Raubrand:	*001- 01*	*001- 02*	*001- 03*	*001- 04*
	001- 05			
Chargen-Nr. / Feinbrand.	*F001*			
Datum:	*15.03.2012*			
Menge Raubrand:	*450*	ml	*35*	Vol.-%
Erstes Destillat bei:	*82*	°C	*82*	Vol.-%
Dauer der Destillation:	*40 min*			
Ende der Destillation bei:	*88*	°C	*65*	Vol.-%
Menge des Destillats:	*150*	ml	*77*	Vol.-%

Lagerprotokoll / Fass				
Chargen-Nr. / Feinbrand:	*F001*	*F002*	*F003*	*F004*
	F005			
Datum:	*20.03.2012*			
Fass:	*Nr. 1, Amerikanische Weißeiche, stark getoastet*			
Menge Feinbrand:	*1.150*	ml	*75*	Vol.-%
1. Kontrolle	Datum:	*20.04.2012*	*75*	Vol.-%
Mit Wasser aufgefüllt	*40*	ml		
2. Kontrolle	Datum:	*20.05.2012*	*72*	Vol.-%
Mit Wasser aufgefüllt	*50*	ml		
3. Kontrolle	Datum:			Vol.-%
Mit Wasser aufgefüllt		ml		
4. Kontrolle	Datum:			Vol.-%
Mit Wasser aufgefüllt		ml		
5. Kontrolle	Datum:			Vol.-%
Mit Wasser aufgefüllt		ml		
6. Kontrolle	Datum:			Vol.-%
Mit Wasser aufgefüllt		ml		
7. Kontrolle	Datum:			Vol.-%
Mit Wasser aufgefüllt		ml		
8. Kontrolle	Datum:			Vol.-%
Mit Wasser aufgefüllt		ml		
9. Kontrolle	Datum:			Vol.-%

Mit Wasser aufgefüllt		ml

Lagerprotokoll / Holzspäne

Chargen-Nr. / Feinbrand:	*F001*	*F002*	*F003*	*F004*
	F005			
Datum:	*20.03.2012*			
Menge Feinbrand:	*1.150*	ml	*65*	Vol.-%
Holzspäne Sorte:	*Franz. Eiche, mittlere Toastung*			
Menge der Holzspäne:	*1,5 g*			
1. Kontrolle	Datum:	20.04.2012	*75*	Vol.-%
2. Kontrolle	Datum:	20.05.2012	*75*	Vol.-%
3. Kontrolle	Datum:	20.06.2012	*74*	Vol.-%
4. Kontrolle	Datum:			Vol.-%
5. Kontrolle	Datum:			Vol.-%
6. Kontrolle	Datum:			Vol.-%
7. Kontrolle	Datum:			Vol.-%
8. Kontrolle	Datum:			Vol.-%

14.2.   Tabelle für Alkohol-Verdünnung

Tabelle 1

Menge des Wassers in Milliliter, die zu 100 ml des Destillates gleicher Temperatur zuzusetzen ist, um die gewünschte Trinkstärke zu erhalten

Destillat (%vol)	38	40	41	42	43	44	45	50
96	160,0	147,1	141,1	135,4	130,0	124,9	119,9	98,0
90	142,6	130,7	125,1	119,7	114,7	109,8	105,2	84,7
85	128,5	117,2	111,9	106,9	102,1	97,5	93,2	73,8
80	114,5	103,9	98,9	94,0	89.7	85,4	81,2	63,0
79	111,7	101,2	96,3	91,7	87,2	83.0	78,9	60,9
78	109.0	98,6	93,7	89,1	84,8	80,5	76,5	58,7
77	106,2	95,9	91,2	86,6	82,3	78,1	74,2	56,6
76	103,4	93,3	88,6	84,1	79,8	75,7	71,8	54,5
75	100,6	90,6	86,0	81,6	77,4	73,3	69,4	52,3
74	97,9	88,0	83,4	79,1	74,9	70,9	67,1	50,2
73	95,1	85,4	80,9	76,5	72,4	68,5	64,7	48,1
72	92,3	82,7	78,3	74,0	70,0	66,1	62,4	46,0
71	89,6	80,1	75,7	71,5	67,5	63,7	60	43,9
70	86,8	77,5	73,2	69,0	65,1	61,3	57,7	41,7
69	84,1	74,9	70,6	66,5	62,6	58,9	55,4	39,6
68	81,3	72,3	68,0	64,0	60,2	56,5	53-.0	37,5
67	78,6	69,6	65,5	61,5	57,8	54,1	50,7	35,4
66	75,8	67,0	62,9	59,0	55,3	51,8	48,4	33,3
65	73,1	64,4	60,4	56,5	52,9	49,4	46,0	31,2
64	70,3	61,8	57,8	54,1	50,5	47,0	43,7	29,1
63	67,6	59,2	55,3	51,6	48,0	44,6	41,4	27,0
62	64,9	56,6	52,8	49,1	45,6	42,3	39.1	24,9
61	62,1	54,0	50,2	46,6	43,2	39,9	36,7	22,8
60	59,4	51,4	47,7	44,1	40,7	37,5	34,4	20,7
59	56,7	48,8	45,1	41,7	38,3	35,2	32,1	18,7
58	53,9	46,2	42,6	39,2	35,9	32,8	29,8	16,6
57	51,2	43,6	40,1	36,7	33,5	30,4	27,5	14,5
56	48,5	41,0	37,5	34,2	31,1	28,1	25,2	12,4
55	45,8	38,4	35,0	31,8	28,7	25,7	22,9	10,3

Anhang

54	43,0	35,8	32,5	29,3	26,3	23,4	20,6	8,3
53	40,3	33,3	30,0	26,9	23,9	21,0	18,3	6,2
52	37,6	30,7	27,5	24,4	21,5	18,6	16,0	4,1
51	34,9	28,1	25,0	21,9	19,1	16,3	13,7	2,1
50	32,2	25,5	22,4	19,5	16,7	14,0	11,4	
49	29,5	23,0	19,9	17,0	14,3	11,6	9,1	
48	26,8	20,4	17,4	14,6	11,9	9,3	6,8	
47	24,1	17,8	14,9	12,2	9,5	7,0	4,5	
46	21,4	15,3	12,4	9,7	7,1	4,6	2,3	
45	18,7	12,7	9,9	7,3	4,7	2,3		

Tabelle 2

Siedetemperatur Alkohol-Wasser-Gemisch

Alkoholgehalt in Vol.-% in der Maische	Siedepunkt in °C	Alkoholgehalt in Vol.-% im Dampf (Destillat)
0	100	0
1	99	9,9
2	98,2	17,7
4	96,6	31,3
6	95,2	39,3
8	93,9	45,4
10	92,6	51,5
15	90,2	61,5
20	88,3	66,2
30	85,7	69,3
40	84,1	72,0
50	82,8	75,0
60	81,7	78,2
70	80,8	81,9
80	79,9	86,5
90	79,1	91,8
95,6	78,15	95,6 (max. Schnapsbrennen)
100	78,35	100 (für Normalbrenner nicht möglich)

Abbildungsverzeichnis

Literaturverzeichnis

Whisky selbst gebrannt	Peter Jäger 2004 Leopold Stocker Verlag
Schnaps brennen als Hobby	Dr. Bettina Malle, Dr. Helge Schmickl 2003 Verlag die Werkstatt
Bierbrauen	Udo Krause / 1995 Südwest Verlag
Home Distillation Handbook	Unbekannter Autor, vermutlich Gert Strand, Hersteller der Turbo-Hefe Bokforlaget Exakt, Schweden
Schnapsbrennen	Josef Pischl / 1995 Leopold Stocker Verlag
Begleitstoffanalyse von Whisk(e)y zur Überprüfung von Trinkangaben im Rahmen rechtsmedizinischer Alkoholuntersuchungen	Markus Frank Oliver Lentrodt / 2008 kein Verlag, Dissertation

Internet, diverse Quellen,
Insbesondere Wikipedia

Legal-Brennen

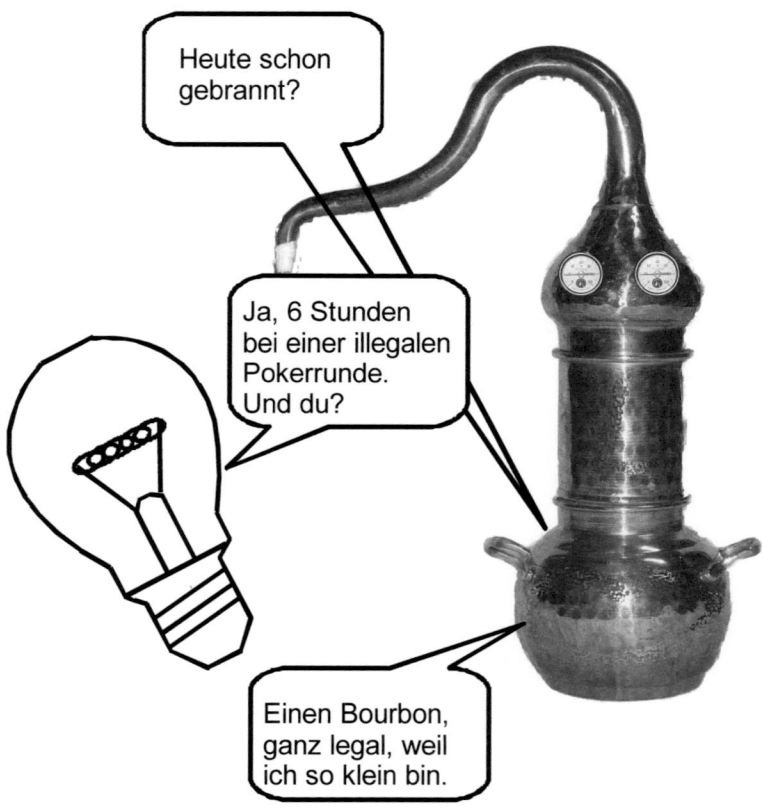

Schwarzbrennen

Freude beim Brennen

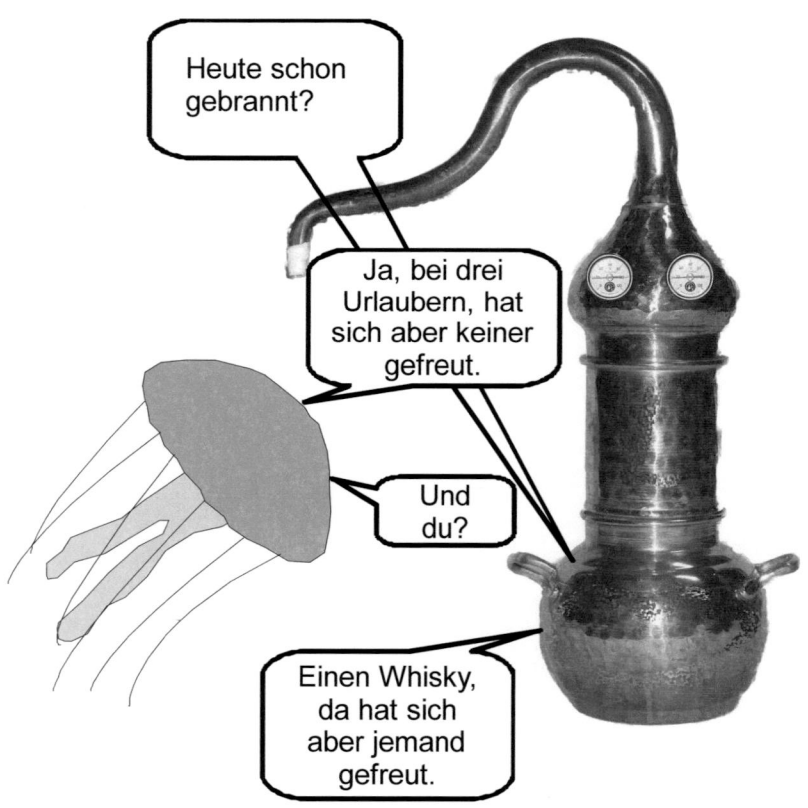